湖南省普通高校创新创业教育基地项目：
“湖南师范大学地理科学校企合作创新创业教育基地”
湖南师范大学基础教育教学改革研究项目：
“基于‘两馆一山’平台的中学地理研学旅行探究”
等共同资助成果

中学地理研学理论与实践

易立文　等　编著

中南大學出版社
www.csupress.com.cn
·长 沙·

图书在版编目(CIP)数据

中学地理研学理论与实践 / 易立文等编著. —长沙：中南大学出版社，2023. 7

ISBN 978-7-5487-5446-6

Ⅰ. ①中… Ⅱ. ①易… Ⅲ. ①中学地理课—教学研究 Ⅳ. ①G633. 552

中国国家版本馆 CIP 数据核字(2023)第 122611 号

中学地理研学理论与实践

易立文 等 编著

□出 版 人 吴湘华
□责任编辑 伍华进
□责任印制 李月腾
□出版发行 中南大学出版社
社址：长沙市麓山南路 邮编：410083
发行科电话：0731-88876770 传真：0731-88710482
□印 装 长沙鸿和印务有限公司

□开 本 787 mm×1092 mm 1/16 □印张 10. 75 □字数 280 千字
□版 次 2023 年 7 月第 1 版 □印次 2023 年 7 月第 1 次印刷
□互联网+图书 二维码内容 图片 19 张
□书 号 ISBN 978-7-5487-5446-6
□定 价 46. 00 元

编著组

◇ 组　　长

易立文

◇ 副 组 长

钟　琦　杨　帆　彭建锋　汤江波

◇ 编著组成员（按姓氏拼音排序）

陈克剑　陈柳逸　陈元佳　陈　媛
傅先君　黄赛芬　罗梓维　史攀瑶
宋泽艳　谭新宇　吴　敏　夏朝安
向　超　肖雨琳　谢莉莉　徐冬阳
杨　苗　杨　婷　杨　夏　曾　红
张　琳　张　淼　赵璐琳　祝　航

序

当前，我国教育改革进入深化发展时期，基础教育领域正在实施的考试制度改革、课程教学改革、教育评价改革等，都在落实立德树人的要求，以促进学生核心素养发展。特别是近些年，中小学课程形态出现了很大变化，学科实践活动、综合实践活动的广泛开展，使课程呈现出综合性、活动性、实践性、选择性等特征，为学生提供了开放的学习环境和丰富的学习资源。

2016 年 11 月，教育部等 11 个部门联合发布了《关于推进中小学生研学旅行的意见》（以下简称《意见》），明确指出："中小学生研学旅行是由教育部门和学校有计划地组织安排，通过集体旅行、集中食宿方式开展的研究性学习和旅行体验相结合的校外教育活动，是学校教育和校外教育衔接的创新形式，是教育教学的重要内容，是综合实践育人的有效途径。"并对课程建设提出要求："学校根据学段特点和地域特色，逐步建立小学阶段以乡土乡情为主、初中阶段以县情市情为主、高中阶段以省情国情为主的研学旅行活动课程体系。"2017 年 8 月，教育部印发的《中小学德育工作指南》提出课程育人、文化育人、活动育人、实践育人、管理育人、协同育人六种德育途径和要求，将社会实践、研学旅行等纳入"实践育人"途径，强调了其独特的育人价值。2017 年 9 月，教育部颁布的《中小学综合实践活动课程指导纲要》提出研学旅行属于综合实践活动"考察探究"中的一部分，明确了其课程性质。这些政策文件的颁布，促进了研学旅行蓬勃发展。

可见，如今，研学旅行已经成为中小学开展综合实践活动的一种主要方式，研学旅行对学校及学生具有深远的影响。第一，研学旅行符合现代教育的发展趋势。研学旅行是联系社会、家庭、学校的纽带，有利于整合社会资源，促进学校教育体系改革不断深化；有利于中小学生更加直观地感受中国传统文化，接受革命传统教育和爱国主义教育，培养"爱家乡、爱祖国"的深厚情感。第二，研学旅行是一种有效的素质教育方式，有助于让学生直面更真实、更丰富的世界，满足了教学方式改革的需要。学生只有近距离接触到社会生活，认识自身生活的世界，不断形成正确的价值观念，建构起正确的科学认知，才能真正落实核心素养中的"学会学习、实践创新、科学精神"的要求。

在指导学生开展研学旅行活动的过程中，如果只追求形式上的热热闹闹，而忽略深度学习和研究，那么，研学旅行就只有旅行而无研学。研学旅行应该从平常之中挖掘文化内涵，从课程体系中寻找支撑点，从身边面临的突出问题中寻找突破点，从而进行研究性学习。

根据湖南省的地域性特点和学生学习时段的特点，就地取材，开发研学旅行课程资源，费用恰当，时间适中，符合广大中学生的消费能力，这样的研学旅行才更具参考价值。

这本书是湖南师范大学地理科学学院易立文副教授组织湖南师范大学附属中学、长沙市第一中学和雷锋中学等多所学校的教师撰写的一本全面指导中学地理研学旅行活动策划与实施的颇具实用性的手册。该书在理论上阐明了中学地理研学的目的与意义，分析了地理研学的独特价值；在课程建设方面，提出了中学地理研学旅行的课程设计、课程实施、课程评价和工具使用等方面的指导性策略，同时选取了大量湖南省中学地理研学典型案例，可供中学地理研学旅行“从零开始”的学校借鉴，也可供正在探索中学地理研学旅行的学校选择参考。

“读万卷书，行万里路。”古人非常崇尚“学”与“游”的统一，春秋战国时期的孔子带着学生周游列国，踏遍山川都邑，堪称研学旅行的先师和典范。美国哲学家、教育家约翰·杜威(1859—1952)提出“教育即生活，学校即社会”的口号，反对传统的灌输和机械训练的教育方法，主张从实践中学习。

研学旅行的终极目标是让学生关注生命，学生在研学旅行中经历的事，很可能会成为他成长中的“关键事件”。每一个生命都是独特的，研学旅行一定会带给每个学生不同的学习契机，让学生在体验中形成初步感知，在体悟中深化已有认识，在思考中形成价值体认，最终落实到社会主义核心价值观的实践行为，实现自己多方面的成长。中小学研学旅行教育天地广阔，大有可为。

长期以来，湖南师范大学地理科学学院一直是一块探索教育的高地，是一方教育资源的沃土，它的经验曾经在全国产生巨大影响。本书的出版，又在基础教育课程改革领域奉献了一份具有引领价值的成果。

本书为研学旅行和综合实践课程提供了全系列、全方位的指导性意见，提供了细致入微的实践原则和保障细则，提供了丰富的课程形态和主题路径。这部全面且颇具指南性的著作背后，凝聚了长时间的教育实验与科研的积累，凝聚了长沙市诸多中学的创新性实践，以及很多教师和教育工作者的勇敢探索。

贯彻“从做中学”的原则，开展地理研学旅行探究活动，会使学校对学生的影响更加深刻、更加持久并含有更多的文化意义。在旅行中进行学习和研究，能够充分利用世界，像实验室之于物理和化学课程那样，给地理实践教学提供天然的依托。

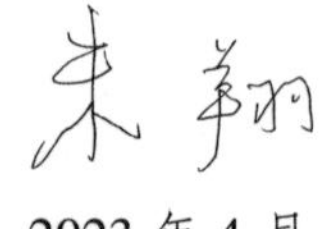

2023 年 4 月

前言

本书得到了湖南省普通高校创新创业教育基地项目“湖南师范大学地理科学校企合作创新创业教育基地”、湖南师范大学基础教育教学改革研究项目(JCJY1910)、湖南师范大学“专创融合”特色示范课程项目(20204310)、湖南省教育学会“十三五”教育科研重点规划课题“中学地理研学课程化路径研究”(A-155)及企业合作项目等的支持。

自2016年11月30日教育部等11个部门联合出台《关于推进中小学生研学旅行的意见》以来，研学旅行已经发展为基础教育界的热点话题，研学旅行活动也在全国中小学里如火如荼地开展，各地中小学都依托自身和社会力量组织起了各种研学旅行实践，特别是地理学科的研学旅行实践。在新课标颁布后，大家逐渐发现研学旅行与地理核心素养的培养之间有着天然的紧密联系，地理实践为研学旅行的开展提供了坚实的素养基础，而研学旅行则为地理核心素养的培育提供了合适的实施途径。然而，目前地理研学旅行依然存在着“重旅行，轻研学”“重知识，轻体验”和“重策划，轻评价”等不当做法。

为了规范、有效、均衡地推动地理研学旅行的健康发展，促使地理研学旅行成为落实教育立德树人根本任务、培育地理核心素养的重要途径，在湖南省普通高校创新创业教育基地项目、湖南师范大学基础教育教学改革研究项目和湖南师范大学“专创融合”特色示范课程项目等的支持下，本书以中学地理研学旅行为对象，围绕中学地理研学旅行的目的与意义、课程设计、课程实施、课程评价和工具使用这几方面的内容，结合湖南省中学地理研学典型案例，对中学地理研学展开了深入的探讨。研究成果可以为一线地理教师、地理师范生和自然教育从业者提供中学地理研学课程开发与实践工作的指导与支撑。

本书共分为六个章节，第一章总结了地理研学旅行的课程性质与定位，梳理了地理研学的目的，探讨了地理研学的独特价值，总结了聚集地理情境的要素，分析了构建地理研学情境的策略；第二章从地理研学旅行课程主题设计出发，提出了地理研学旅行课程主题设计的原则，探讨了地理研学旅行课程分类设计的方法，并重点阐述了地理研学手册的设计与编写；第三章通过对地理研学旅行的学校工作规程、安全保障、行程计划与安排、师资安排四个方面的阐述，总结了中学地理研学旅行课程实施的主要内容；第四章通过总结研学旅行课程评价考核的意义、评价的角度、评价体系、评价形式和方法以及对不同主体的评价考核等方面，系统总结了中学地理研学旅行课程的评价方法；第五章从常用实物工具和信息化工具两方面总结了中学地理研学旅行可能用到的主要工具的使用方法；第六章依托岳麓山、桃花岭及梅溪湖、裕湘纱厂、橘子洲、太平老街和黄金矿区六个典型实践案例，展示了中学地理研学旅行从课程设计到实施的全过程，对其他地理研学旅行课程的开展提供了参考。

本书第一章由易立文、杨帆和汤江波撰写，第二章由易立文、杨苗和徐冬阳撰写，第三章由向超撰写，第四章由易立文、谭新宇、杨婷撰写，第五章由易立文和陈元佳撰写，第六章的岳麓山研学案例由肖雨琳、陈媛、宋泽艳撰写，裕湘纱厂研学案例由彭建锋、陈柳逸、罗梓维撰写，桃花岭研学案例由向超、吴敏、祝航撰写，橘子洲研学案例由杨夏、赵璐琳、杨婷撰写，太平街研学案例由陈克剑、张琳、曾红撰写，黄金洞研学案例由夏朝安、汤江波撰写。本书涉及的内容包含张森、史擎瑶、谢莉莉等多位硕士研究生的学位论文，在成文整理阶段得到了陈璇、袁燕和冯怡鑫三位硕士研究生的大力帮助。在此，感谢上述硕士研究生在本书撰写与整理过程中努力学习与刻苦教研的工作成果！本书作者长期得到了湖南师范大学周国华教授、李忠武教授和谭长银教授的关心、指导和帮助，在此对三位专家深表感谢！

特别感谢湖南师范大学朱翔教授为本书作序！

由于笔者水平有限，如有疏漏或不妥之处，恳请广大读者批评指正。

笔者

2023 年 4 月

目录

第一章

绪　论

研学旅行(field trip)或研学，是由教育部门和学校有计划地组织安排，通过集体旅行、集中食宿方式开展的研究性学习和旅行体验相结合的校外教育活动[1]。在不同语境中，可以指户外学习(outdoor learning)、实地学习(fieldwork、field-based learning)或课外教育(education outside the classroom)等，本书将统一使用“研学”对应以上不同语境的术语。

2013年我国首次提出要逐步推行中小学生研学旅行的设想[2]。2016年，明确提出“学校根据学段特点和地域特色，逐步建立小学阶段以乡土乡情为主、初中阶段以县情市情为主、高中阶段以省情国情为主的研学旅行活动课程体系”[3]。研学开始成为教育界和旅游产业发展的热点话题。2019年，段玉山等在调研国外研学旅行发展经验以及国内已有研学旅行课程的基础上，在《地理教学》杂志提出了核心素养融入的中国研学旅行课程标准，发布了当前国内唯一一部地理学科的《研学旅行课程标准》[1]。

第一节　研学旅行的意义

地理研学，一种面向真实世界的综合实践，可以容纳各种对真实世界的兴趣，被视为科学与人文的桥梁[4]——既可以用自然科学的方法研究某一个“实体”(如研究宝石的晶体结构、观测某个天体)，也可以是某个“整体”(如植被群落)；既可以综合自然(如景观)，也可以综合人文(如认识一个地方)，还可以研究日益重要且跨学科的主题：人地关系。

研学之于地理，就如同实验室之于物理，户外就是地理课的实验室！年轻人在这里可

[1] 段玉山，袁书琪，郭锋涛，等. 研学旅行课程标准(一)——前言、课程性质与定位、课程基本理念、课程目标[J]. 地理教学，2019(5)：4-7.

[2] 国民旅游休闲纲要(2013—2020年)[N]. 中国青年报,2013-02-22(011).

[3] 教育部等11部门. 教育部等11部门关于推进中小学生研学旅行的意见[EB/OL]. [2023.06]. http://www.moe.gov.cn/jyb_xwfb/gzdt_gzdt/s5987/201612/t20161219_292360.html.

[4] Castree, Noel. Nature[M]. 2nd ed. Vermont: Psychology Press, 2005.

以体验到第一手的景观、地方、人物和思考一系列问题；在这里可以收集数据，在真实的环境中学习和运用地理技能。美国教育家 Bland 说这样的教学策略"由不得不让人喜欢"。

正如在《美国国家地理标准》中所说的那样，"地理所揭示的每一种意义都关乎人生：无论一生还是一世，无论维持生命，还是增进生命的福祉。"地理不仅仅是一门学科，地理学科在基础教育阶段即明确提出了终身学习的愿景：Geography for life——地理(课程)为人生(奠基)——地理适用于日常生活，对人一生都是宝贵的精神财富。

更为重要的是，研学活动的组织者应当接受过相对完整的研学(fieldwork)学术训练。专业的中小学地理教师才能变身为研学导师——既有专家思维的思想、方法基础，也有教育专家整合自身，调动学生记忆、体验的能力，可以使研学更为有效地开展起来[1]。

一、研学旅行是学习上的知行合一

研学旅行不是单纯的异地出游玩乐，而是带有教育意义和学术价值的活动。如果说"体验"是旅行的核心和根基，那么，认识世界则是研学旅行的核心和根基。所以，在"旅行"二字前面，特别加上了"研学"二字。据此，研学旅行不能只"游"不"学"，也不能只"学"不"研"。对学生而言，日常生活世界和旅行世界就都充满了发现之美、探索之美。

未成年人与成年人之间的认知冲突水平是截然不同的，未成年人的矛盾需求心理是已知世界的有限性和未知世界的丰富性之间的矛盾，是渴求知识和知识有效供给不足的矛盾。突出未成年人在旅行中对审美价值、文化内涵和对于人地关系、科学探索等问题的思考和探究，有利于帮助学生成长、成人。知与行的关系对于教育者而言，是研学旅行过程中方法论的指导，其有助于帮助教师明确研学旅行的意义。研学旅行实际上是使学生体认到"知识从哪里来""知识到哪里去"，是旅行现象中的学习体验、知识运用。

从儒家所强调的"知行合一"的思想，到宋明理学中反复提及的"知行观"，再到马克思、恩格斯提出的自然辩证法，知与行的关系问题始终是哲学之中不可或缺的命题。而在我们湖湘学风当中，更是以绝知躬行、经世致用而闻名。张栻讲学与朱子论辩，吸收和驳辩程朱理学，其所主张的"圣门实学，贵于践履，隐微之际，无非真实"就已经显露出湖湘学风之中真知不离践履的学风；仅仅能够将书籍中的理论知识读懂读透是不够的，将书中的知识真正践行于现实生活中才是实学之道。之后，王船山出师岳麓山下，隐于世而怀天下，将湖湘学风进一步光大。王船山继承了张栻等人的实学精神，主张知行合一，不尚空谈，废虚反实。一方面，"知行相资以为用"，强调知与行两者相区别，但必须同时具备才能发挥作用；另一方面，"知者非真知也，力行而后知之真"，强调了力行，即实践在知行合一观中的突出地位，主张力行为重，唯有经过实践的认识才是真知。

这种知行观恰好能够映射于研学旅游的哲学内涵之中，解释为我们获取真理，认识世界的重要理念。当我们投入陌生的自然环境或者文化境地的时候，那些只存在于地理课本

---

[1] Kent M, Gilbertson D, Hunt C. Fieldwork in geography teaching: A critical review of the literature and approaches[J]. Journal of Geography in Higher Education, 1997, 21(3): 313-332.

当中的气候类型、地形地貌、河流海洋、动物植物、人文古迹、风俗特色等知识，就从抽象的概念，迅速立体化地呈现在我们眼前。让我们于无形之中，通过真实的身临其境的方式，感知到书本上难以企及的世界之绮丽。我们或许会在喀斯特溶洞中畅想地貌的前世今生；或许会在海边徜徉体验海陆风的昼夜变化；又或者在抚摸着老城墙的时候，好奇它千百年来是如何伴随王朝兴衰，又如何屹立不倒的；也或者是在游历那些车水马龙、人潮涌动的大都会时，思考工业革命如何带来人类的飞速发展，人类如何才到达现代文明的今日…旅行在当下已经不仅仅是一个时兴的热潮，一个时代的符号，而是使人们在世间纷扰之中继续保持好奇、保持睿智的实践哲学。

对于正在吸收和学习知识的学生们而言，研学旅行是区别于课堂学习的另一种学习方式，相较于侧重灌输理论知识的传统课堂，研学旅行具有自主性、开放性、探究性、实践性等重要特征，是学校教育和课外教育相结合的重要组成部分。研学旅行已经被纳入了我国旅游业改革的一部分，足以证明研学旅行作为一种学习体验对于中小学教育的重要性。从总体上而言，研学旅行是学习上知行合一的体现，有利于学生们在学有余力或学习困难的情况下，将自己所学所感运用于实践活动当中，学以致用，学思互通；有利于学生们更好地理解在课堂上学习的知识，并且灵活地运用到生活实践当中。这对于学生的综合素质和学科专业素养的提高有非常直接而深刻的价值，也可以培养其社会责任感和实践能力。而且“知行合一”观如果运用到研学旅行的过程当中，有助于学生们更明确地认识到自己参与研学旅行的目的和意义，明确旅行的感知与认知意义，而非简单地吃喝玩乐，从而更好地将自己在课堂上学习的专业知识与旅行过程当中的所见所闻相结合起来，在实践的过程中更好地学习。

二、研学旅行是实践育人的有效途径

1. 与科学教育的特有价值相契合

在中小学教育中常有一些“不着地”的现象：把学生关在教室，实践活动缺失，忽视知识的来源和生活意义。这种做法忽视了学生核心素养的培养，阻碍了高中课程改革理念的实施。如果教师根据学习的基本规律设计研学旅行活动，可以增强学习的现实感和主体感。学生在活动中产生的经验，有可能派生出不同于课堂的思维模式、思维方法。学生在自然和社会的大课堂中学习时，根据其学习程度自己进行推理、应用知识，其行为符合科学教育的特有价值，可以提升实践能力和创造性思维能力，并在活动中培养健康的情感态度与价值观，有利于身心健康。

研学旅行是教育旅游的一种形式，目前，“研学旅行存在游而浅学、目标模糊、课程缺乏规划、学生主体性缺失”等问题，对中学构建高质量研学旅行课程体系带来挑战。建构集选修课、研究性学习、社团活动和集中出行为一体的研学旅行课程是解决现有问题的重要方式”。其主要特征是：①研学旅行的目的是引导学生主动关注社会，促进书本知识和生活经验的深度融合，创新人才培养模式；②研学旅行是研究性学习和旅行体验相结合的校外教育活动，是综合实践育人的有效途径。

“好成效”需要“好设计”。指导教师淡化其权威，为学生指引方向，对学生的探究活动给予过程性指导是一条最佳途径。上海田家炳中学在寻访改革足迹主题活动中，提出了“聚焦主题→相关行为和行动能力（方法）指导→调查实践（实践内容有递进和扩展）→生成与评价（有反思与迭代）”的实施路径，加强了对学生的过程与方法指导，以保证活动目标的达成[1]。找回“探究性学习”在学校教育中的应有位置，把“探究能力”的培养作为学生学习能力的有机组成部分，是开展研学旅行活动的出发点和归属。“好设计”的标志则是与科学教育的特有价值相契合。如在执行国家课程标准、讲授国家统编教材、统一学业成绩考核基础之上，兼顾标准化教育与差异化发展，丰富课程类别，提高课程的选择性，满足学生的个性差异和个体需求；以兴趣为导向主导学习过程，并充分利用研学旅行活动的优势，推进研究性学习，提升学生的创新实践力；关注学生的学习体验，开发健全人格，提高社会责任感，等等。这些举措的实施可以拓展学生的学习视野，使身处学校的学生更加自主、自由、幸福。

2. 与知识学习同伴，和知识运用同行

学生学习的目的是为了将有意义的学习经历迁移到今后的生活中，从而提升生活的质量。盲目应试、刷题带来的厌学等负面情绪给学校教育带来了挑战，我们应注重唤醒学生对学习发自内心的兴趣，让学生可以在研学过程中获得多维度的知识，避免碎片化、无趣的知识与整体、有趣的生活相脱离的窘境。构建以“活动–经验”为核心的研学旅行课程体系，有针对性地开发红色革命传统、祖国美好河山、现代科技发展、时代社会变迁类课程，体现课程的真实性、意义性、直接性、主动性价值。

红色革命传统教育。红色革命传统教育是德育内容之一，研学旅行中的革命传统教育与课堂中的革命传统教育有什么不同？最大的区别就是研学旅行中的革命传统教育具有感悟性、生动性和地方性，和学生的心理距离更近。利用丰富的红色旅游资源，开展革命传统教育，并依据学生的年龄特点、身心特点，可以使教育的感染力明显优于空洞的说教。

祖国美好山河欣赏。自然美包括形象美、色彩美、动态美，可以以特殊的地形、河流、动植物为主线，让学生去触摸、感受祖国的美丽风景，情景交融。从具体到抽象，从微观到宏观，可以培养学生的审美观，激发他们热爱祖国、热爱家乡、热爱自然、热爱生活的情感。还可以培养学生探究自然地理要素的兴趣，培养学生创造美的能力。

现代科技发展感悟。科学技术的每一次突破，都会引起经济的深刻变革和社会的巨大进步，现代科学技术发展速度惊人，物联网、大数据、人工智能、地理信息等领域的快速发展正改变人们的学习与生活方式。知识经济的内涵是什么？学生需要在现实生活中去感悟。在研学旅行活动中，通过考察博物馆、实验室，了解现代科技的发展成果，可以激发学生求知的欲望，培养学生的实践创新意识。

时代社会变迁体验。中国正经历5000多年来的大变局，工业化、城市化、农业现代化正改变着中国的土地格局；高铁、高速公路、商业网络正在改变每一个普通老百姓的生活，

[1] 王丹暘. 爱国主义教育活动需要“好设计”——上海田家炳中学寻访改革足迹主题活动思路谈[J]. 人民教育，2018(23)：39.

使人们的生活更加美好。通过研学旅行活动，学生深入企业、农村、商场，了解人文地理要素，参与劳动实践，培养的不仅仅是“知我家乡”，更重要的是“爱我中华”，增强社会责任感和历史使命感。

三、研学旅行是一种新的课程体系

国外研学旅行发展至今，其课程实施主要表现为四种模式：自然教育模式、生活体验模式、文化考察模式和交换学习模式。这几种模式的共同特点为：注重“研学”与“旅行”相互交融、游学活动的弹性设置和经验知识的动态获取、创造研学体验的情景记忆以及研学旅行需求的分化。

在我国，研学旅行普遍采用的是生活体验模式和文化考察模式，少部分有条件的学校采用的是自然教育模式和交换学习模式。例如，在农村研学旅行基地开展农村生活体验活动，在风景名胜区了解自然、人文景观。对于教育者而言，如何构建以“活动-经验”为核心的研学旅行课程体系，鼓励老师和学生走出课堂，走向大自然，更加直观清晰地进行真实世界的探究？开展研究性学习就是破解这些困境的最佳途径，这种学习方式突破了传统的课堂教授方式，让学生在做中学、做中悟。因此，在这方面的课程体系还需要学校加大开发力度。

地理课程与研学旅行课程有很强的关联性。首先，研学旅行体现了地理学科的科学观念，以地理学科为研学目的的旅行有助于学生们形成正确的人地观念。人地观念是对人地关系的认识、理解和判断，是地理学科必不可缺的核心价值观念，而研学旅行则能够让学生们走进自然，在自然的山川地貌中感受地理环境的魅力，感受大自然的规律性，从中思考人类应当如何科学地处理人类的科学研究、生产生活与地理环境之间的关系和联系，从而树立正确的人地观念。在旅行当中更加直观和详细地了解地理知识、积累经验，还可以提高学生的地理实践力。其次，地理学科不仅关注和探索大自然的规律性，还关注人类及其活动本身，关注区域以及全球的文化现象和人类发展的规律。研学旅行的意义在于将科学性的地理理论、自然规律等运用到实践和探索之中，有利于学生形成地理学科意识；有利于学生关注人类社会、人类发展与地理学科的内在关联性；有利于学生运用所学的知识理解、解决实际当中的地理问题，提高认知水平，完善知识体系。

处处留心皆学问，实现书本知识和自然情境有意义的连接是有效的学习方法。这种学习方式是在活动中体验情境，使学生自主发现问题，进而提出问题、解决问题。高中地理核心素养包括“人地协调观、综合思维、区域认知、地理实践力”四个方面，其中，地理实践力是指人们在地理户外考察、社会调查、模拟实验等地理实践活动中所具备的行动能力和品质。具体表现为：能够独立或合作设计地理实践活动的方案和计划；能够根据不同地理实践活动设定目标，选择并运用适当的地理工具和材料；能够收集和处理各种地理信息，发现问题、解决问题，具备科学精神。以地理核心素养为抓手深化地理教学改革，是今后地理教育的重要命题，其中的关键就是地理核心素养如何落地。

地理学科源于生活、高于生活、服务于生活，是“以综合思维认识生活的地理、以区域眼光观察生活的世界、以实践行动了解生活的地理，以正确人地观对待生活的地理。因此，地理研学活动的选题要从学生身边的地理现象开始，由小到大、由近及远、由简到繁；研学对象从具体到抽象，逐渐提升学生的地理实践力”。

目前，“很多在教学上很出色的教师，能够让学生清晰地了解和学习课本上的知识，在考试中取得高分，但地理实践能力和组织能力却不尽如人意。对教师自身来讲，来自学校、家长及学生的成绩压力，让教师少有时间提高自身组织学生进行户外学习的能力。在没有一般模式或范本可以借鉴的情况下，顺利组织户外学习活动会消耗大量精力”。高中地理教育如何转型与发展，对地理老师来说，是一次挑战，也是一次机遇。服务于国家与社会的价值导向，成就每一位学生，开设地理研学旅行课程，无疑是高中地理教育的特色转型之路。

综上，研学旅行对于学校及学生具有深远的影响。第一，研学旅行是一种有效的素质教育方式，有助于让学生直面更真实、更丰富的世界，研学旅行是教学方式改革的需要。第二，国务院印发的《国民旅游休闲纲要》中明确指出，要“逐步推行中小学生研学旅行”，研学旅行既符合教育的发展趋势，也符合国民休闲旅游的发展趋势。第三，研学旅行利于中学生更加直观地感受中国人文地理风情，接受爱国主义教育，培养“爱家乡、爱祖国”的深厚感情。第四，研学旅行是联系社会、家庭、学校的纽带，利于整合全社会的资源，促进学校教育体系改革的不断深化，是开放式办学的需要。第五，开展中学研学旅行课程体系建设研究是教育“面向世界，面向现代化”的重要途径，也是与国际教育方式接轨的需要。

第二节　地理研学中的综合实践

本书试图回答开展研学必须回答的关键问题，从研学课程设计、运营的实操层面来看：通过研学可以达到什么目的？学生如何积极参与研学？特别是，学生如何从丰富的真实世界发展概念性理解，达成理解某些核心概念的目标？研学或者不止于学科教学的策略？是否还有更多价值？

研学与综合实践　整体上，《研学旅行课程标准》将研学旅行看成中小学综合实践活动课程。将研学与众多学科课程并列于中小学课程体系之中，研学课程与学科的关系是通过对学科基础知识、基本原理的应用、延伸、综合、重组，在真实情境中检验核心素养，提升、拓展、加深学科课程。教学被扩展到教室或实验室之外的地方，使学生接触到真实世界的环境——“反映所学概念的环境”——直接互动来学习[1,2]，而不是通过教科书或课堂教学的环境间接学习。所以，从一般意义上说，研学被看成一种教育教学策略，是依托真实情境的学科学习、是学校教育和校外教育衔接的创新形式，是教育教学的重要内容，是综合实践育人的有效途径[3]。

[1] 刘刚，杨丁. 基于研学旅行构建第二课程体系[J]. 教学与管理，2018(12)：74.

[2] https://www.igi-global.com/dictionary/field-based-training/11077.

[3] 李艳，陈虹宇，陈新亚. 核心素养融入的中国研学旅行课程标准探讨[J]. 教学研究，2020，43(3)：76-85.

体验性学习之环　各种语境的研学都指向“体验性学习(experiential learning)”，最初的研学就是以体验性学习为核心的。体验性学习是一种参与式学习过程，学生“做中学”，通过反思经验来学习。

科尔布的“体验性学习之环”是影响最大的研学综合实践范式[1]。“体验性学习之环”将学习定义为“……通过经验的转化创造知识的过程”，总结了学习者必须参与的四个主要环节：具体的体验、经验→反思性观察→概念化抽象→积极的(新)实验(循环到具体的经验)。

体验性学习走出了教室，却并未跳出学科课程体系，而是把焦点放在研学旅行独特的在“课堂之外”“实地”“真实情境”学习(learning from the field)上。这是20世纪70年代以来主流的建构主义教学策略。有鉴于此，体验性学习在进阶教育(progressive education)中具有独特价值。

体验性学习中的焦点——“体验”是个人的、向内的，其中心是概念的生成，集中在个人和他或她在内部构建对世界理解的方式上。“体验”或“实践”“经验”被教师植入一个进阶的学习过程，一方面学习者通过实践并跳出经验去反思和抽象化，形成概念与推理，然后再回到实践中；另一方面，影响了学习中的任务模式：先做，然后反思，再做。科尔布的体验学习更多的是发生在实验室的综合实践，也对实验教学产生了很大的影响。

简化的综合实践　体验性学习之环也被扩展到人文学科的学习中，能否实现上述目标呢？当前还缺乏足够的实证研究[2]，对研学领域的系统研究发现，其教育教学智慧很多是隐性的[3]。

其实，体验性学习之环预设了一个重要前提：体验性学习基于对科学方法的规范使用，可以更好地理解物理现象。所有现象都可以通过应用科学方法来理解，通过进一步的反思这种体验，可以解释真实世界。科尔布的体验学习所指的“体验”显然是一种被简化的综合实践。

实践共同体模式　实际上，研学的综合实践在日常的语境中包含了更多的社会文化价值。相比之下，情境学习观则把“体验”“经验”“实践”的中心放到更大的尺度，用实践共同体(community of practice)来理解研学活动中的综合实践。这种视角下，体验性学习的焦点不再是特定概念的深入理解，而是从社会文化建构上推动了认知革命所追求的——对意义的寻求——包括个人的、情境的、文化的、人类学的和宇宙学的意义。

所以，研学的综合实践中，学生所看到的世界是由相互联系的部分和系统组成的。进一步，这种综合实践是一组人、活动和世界之间的关系，随着时间的推移，通过研学活动

[1] Kolb A, Kolb D. Eight important things to know about the experiential learning cycle[J]. Australian Educational Leader, 2018, 40(3): 8-14.

[2] Boyle A, Maguire S, Martin A, et al. Fieldwork is good: The student perception and the affective domain[J]. Journal of Geography in Higher Education, 2007, 31(2): 299-317.

[3] Lonergan N, Andresen L W. Field-based education: Some theoretical considerations[J]. Higher Education Research and Development, 1988, 7(1): 63-77.

主题组成了“实践共同体”[1]，并与其他实践共同体交错或叠合。更强调学生从观望到参与综合实践的能动过程。

所以，研学综合实践中的“实践”是身处环境、社会、文化所组成“实践共同体”的学习者，以强烈的个人、自我导向，所获得的智力成长需要与其社会、情感、身体和精神发展保持动态平衡的过程。

综合实践的真实情境是其重要前提，聚焦能满足体验性学习之环的真实情境——可以发现这是一个“反映所学概念的环境”——其实是对“由相互联系的部分和系统组成的真实世界”进行了某种简化。真实世界，是“实地(field)”，可能包含了非常复杂的科学“概念”：

想象一下，在一个晴朗的日子里，你站在高山之巅，眺望周围的山峰和山谷。你可以看到裸露的岩石、各种斑驳的植被(包括森林)、流水。你能发现一些什么“概念”呢？比如，归属于不同学科的，具备概念、术语对应“实体”的研学对象：如矿物及其晶体、岩石类型、水量、水速、水质、鹅卵石磨圆度、植物类型……

但是，在这样的“实地”进行研学，可能你感兴趣的不是一个个的实体，而是包含很多实体(概念)的“独特自然体”——如不同视角看到的“景观”，如各种植物种群集合而成的“植被群落”，如作为自然环境镜子的“土壤”，如地表形态组合而成的“地貌”……更可能关注到个人、独特文化背景的人群、企业等与环境的独特联系。

有一批“以实地为基础”的学科致力于探究这种真实世界——地理学、地质学、植物学、动物学、人类学和其他一些学科，甚至如地球科学、环境科学等实地科学(field-based science)中的概念往往在现实世界中没有确切的对应关系。其概念的含义往往取决于独特的时空条件[2]。但理解这些概念，有助于理解现实环境、理解社会、理解自己。

所以，当综合实践指向真实世界时，从“基于实地的学习(field-based learning)”需要实地科学系统的方法、理论与相关科学实践的支持。这些实地科学中，地理学无疑是历史最为古老，包含学习主题最广泛，也是最适合作为研学的学科平台。正如雷鸣认为，地理课程是学校课程体系中唯一跨自然科学和社会科学的课目，“地理眼”(此处指地理研学)是语言课程素材、思政课程情境、历史课程史迹、数理化课程案例、生物课程环境之源[3]。

第三节　地理研学目标的选择

作为一种教育教学策略，地理研学可以容纳的目标非常广泛，以下六类33种目标[4]

[1] Lave J, Wenger E. Situated learning: Legitimate peripheral participation[M]. 2nd ed. Cambridge: Cambridge University Press, 1991.

[2] Roberts M. Powerful knowledge and geographical education[J]. Curriculum Journal, 2014, 25(2): 187-209.

[3] 雷鸣. 地理眼+实践力[M]. 第1版. 北京：中国地图出版社，2021.

[4] Smith M. Aspects of teaching secondary geography: Perspectives on practice[M]. 2nd ed. New York: Routledge Press, 2003.

可以丰富我们设计地理研学的维度，我们必须意识到组织地理研学的方式深受我们的价值观、学习方式的偏好和优先事项以及学生的需求和课程的要求所影响。这个清单有助于我们依据自己的研学定位，增删、组合、优化或细化成为具体的研学设计目标。

一、认知目标

1. 以课程为中心，强调知识和理解

①通过科学调查了解地理过程。②通过个人经验增加对地理概念的理解。③通过直接经验熟悉假设测试和数据收集。④发展对自然和人类系统之间相互作用的理解。⑤使学生能够将从实地考察和第一手案例研究中获得的知识应用于纸笔测试。

2. 更深层次的生态视角

①在情感反应的基础上与地方建立关系。②培养对自然界更深刻的洞察力。③加强对自然世界的尊重。④欣赏构成生命之网的复杂联系。⑤重视自然和景观本身，而不是它们对人类的作用。

二、技能目标

1. 个人和社会发展的目的

①提供身体上的挑战，以建立信心和耐力。②通过参与小组工作，发展合作和交流技能。③提升学习动力。④理解并遵守公共空间的基本行为规范，初步形成集体思想、组织观念，培养对中国共产党的朴素感情，为自己是中国人感到自豪。⑤培养冒险精神和对户外活动的兴趣。⑥从个体生活、社会生活及与大自然的接触中获得丰富的实践经验，形成并逐步提升对自然、社会和自我之内在联系的整体认识，具有价值体认、责任担当、问题解决、创意物化等方面的意识和能力。

2. 激励变革行动的目的

①通过知道如何发现、学习和评估，使学生成为自主的公民。②鼓励学生通过培养对弱势群体的同理心来发展更多的社会关怀。③通过调查不平等和环境破坏，促进对可持续发展的评判性思维。④鼓励学生成为积极的公民，参与创造一个更好的世界。⑤通过接触不同的文化和社会群体，鼓励更自由的态度和文化包容态度。

3. 与技能或职业目的相关

①提供机会让学生亲身体验探究性学习。②获得一系列野外技术的经验，这些经验可以迁移到个人探究中。③收集数据，然后用于练习统计和发展处理地理信息的技能。④发展地图解释和导航技能。⑤获得并练习与工作领域相关的技能。⑥使用新技术调查环境

的经验[1]。

三、情感目标

与感官和审美敏感性有关的目的：

①培养学生对环境的感官和情感反应，从而提高审美敏感性和欣赏能力。②掌握“阅读”景观的能力。③促进欣赏地方感所需的敏感度。④欣赏景观的多样性。⑤为学生提供机会来表达他们对环境的个人反应。⑥让学习者沉浸在景观中。

在地理研学中，以上目标是相互联系的。但是，地理研学还有比获取知识更重要的部分。学习者在环境中倾听和反应的能力，以及与学习领域相适应的态度和价值观被认为是更值得关注的教育目标。“在现实世界中”探究的地理研学因为它吸引学生投入个人想法、经验和兴趣被认为可以激励他们深度学习[2]。

在地理研学中，达成撬动整个课程的目标尤为重要。大多数教育工作者主要关注布鲁姆分类法(Bloom's taxonomy)学习的认知领域以及基于知识的目标和结果。有经验的研学组织者注意到地理探究的一切都始于布鲁姆情感目标分类的“觉察(awareness)”层面，这是一种与生俱来的“地理触角”[3]。更进一步，有人发展了这种综合实践的路径[4]：觉察/融入→探究→关心和行动。投入到地理研学的关键在于，需要引导学生找到自己融入环境的触点(a personal point of contact)，不仅参与到研学活动，而且在认识了环境之后，找到自己(或他人)的观念、知识、处境和环境的深刻联系，从而激发学生成为改善环境的积极力量。

在地理研学中，如何处理认知目标和情感目标的关系？这一点，现代认知科学、学习科学在现象学哲学及其核心见解的影响下，对我们通过直接感知环境、与环境互动的可行能力进行了广泛研究。人的知觉和头脑中建立的表象作为与世界的基础性互动而存在，而不是作为关于世界的内部心理表征而存在。简言之，我们的知识取决于我们所处的环境，甚至直接提示户外实践环境对提高解决问题的能力、开展有效学习具有不可替代的教育价值。[5]

所以，“作为科学的地理(geography as science)”和“作为个人对环境的反应的地理

---

[1] Hamilton R, Moore D. Educational interventions for refugee children: Theoretical perspectives and implementing best practice[M]. 3nd ed. New York: Routledge Press, 2003.

[2] Oost K, De Vries B, Van der Schee J A. Enquiry-driven fieldwork as a rich and powerful teaching strategy-school practices in secondary geography education in the Netherlands[J]. International Research in Geographical and Environmental Education, 2011, 20(4): 309-325.

[3] Romey B, Elberty B. A 'person-centered' approach to geography[J]. Journal of Geography in Higher Education, 1980, 4(1): 61-71.

[4] Hawkins G. From awareness to participation: new directions in the outdoor experience[J]. Geography, 1987: 217-222.

[5] Matlin M W. Cognition[M]. 2nd ed. Hoboken: Wiley, 2008.

(geography as personal response)”在地理研学中是相互补充的[1]。“作为科学的地理学”通过推理思辨能力对真实世界进行抽象和建模，“作为个人对环境反应的地理”将注意力引向我们对日常生活的体验和解释，既是结构化认知，也是情感上的，但更多的是情感上的。比如地理研学中获取的地方感，这是一种潜意识层面的个人化情感、态度、价值观，通过概念化的区域视角再到结构化的空间视角是一个不断抽象的区域认知闭环。区域的视角、空间的视角都是科学地理学的一部分，某种程度上地方感是区域认知循环建构的起点和归宿。

设置地理研学的目标不能“失去学习者的主体性”。理解这一点，意味着要尊重学生这个认知环境的“主体”，尊重他们进入课堂之前就已经拥有的世界观(先入之见)，地理研学设计需要觉察学生已有的地理世界，需要平衡什么是主观的和有个人意义的，什么是明显客观的、分析性的、空间性的探究，以及“作为科学的地理”和“作为个人对环境反应的地理”，通过地理研学重组、完善、扩展和丰富孩子们的个人地理，使之成为一种认识世界的智力资源，从而达成地理为人生奠基(Geography for life)的目标。

传统上我们把学习活动看成个体层次上展开的，提出综合实践不仅是要打破学科的畛域，也要从内向外、从个体向团体、从当下向终身全面考虑学习活动。地理研学中的综合实践是由人、技术和信息资源以及物质环境组成的复杂情境系统中发生的活动。作为一种学习活动，地理研学具有跨界性质——横跨自然世界、自我、他人三个领域。这三个领域的相对重点因研学活动的组织形式而异。

围绕“个人对环境反应的地理”，我们不妨对“个人对环境的反应”这种综合实践进行情境化，把“个人对环境反应的地理”区分为三个基本层次：首先针对自然世界，我们需要把真实世界情境化，构建一个“地理情境”；其次针对自我，学生研学体验的核心是一个探究意义、形成知识的内在“学习情境”；最后聚焦他人，学习和周遭环境、各色人物、教师、学校、教育评价体制等构成了一个整体的“研学情境”。

针对不同的研学目标地理研学中近年来兴起的 PBL 可以有不同的焦点。基于问题的学习(PBL，problem-based learning)是以问题驱动学习，比如：如何解决所在城市的交通问题，通过其表现性区分认知水平并作为素养评价的证据；基于项目的学习(project-based learning)，以解决实际问题为目的，通过设计一个项目，让孩子在项目过程中自主学习，最后呈现出一个作品。让学生有机会通过参与围绕他们在现实世界中可能面临的挑战和问题的项目来发展知识和技能，比如探究“垃圾去哪了”绘制一幅垃圾收集-转运-加工的地图；前两种 PBL 更多作为一种教学策略，而基于地方的学习/教育(place-based learning/education)，则以所居住社区或城市的问题为基础，让学生沉浸在当地的自然文化遗产、文化传统、景观、地理机会和地方经验中，并将这些作为学习语言艺术、数学、社会研究、科学和其他课程的基础。比如探究为什么岳麓山山顶成为看日出的网红打卡地。

最后，如果把地理研学的目标规划定义为“要走的路”。还需要一种提问的方式——通过关键问题来切入地理研学的内容目标，以关键问题的应答域(结构化、概念化知识建构目标)为桥梁，让关键问题成为达成地理研学目标的“路标”。

---

[1] Slater F. Learning through geography. Pathways in geography series, Title No. 7[M]. 5nd ed. Pennsylvania: Indiana University of Pennsylvania Press, 1993.

第四节　研学旅行中的地理情境

一、聚集地理情境的要素

如何认识综合实践中学习者身处的“真实世界”？如何通过关键问题的设置达成研学目标？如何让学生自己提出有价值的问题进行探究？并最终通过地理研学达成认识自我的终极目标？

我们必须意识到研学综合实践中的学习者身处一个知与行融合的情境[1]，人类学家霍尔认为，决定自身行为的情境往往被视为理所当然，更重要的是在幼年时期理解情境的方式已经被所处文化环境习染[2]：

在生活中，哪些东西你感知到了，哪些东西你熟视无睹，其中的规律并不简单。至少要考虑五套迥然不同的事件的范畴。这五套范畴是：主体(人的活动)、情境、人在社会系统中的地位、过去的经验、文化背景。决定这五个方面如何组合的模式，是人在幼年期学会的，这些模式多半被人们视为理所当然。

社会学者梅洛维茨视情境由其发生的地点和时间以及谁在现场来定义[3]。文化学者乐黛云提供了一个跨文化的情境[4]：

每个人都是生活在自己的时间里，个人在不同的时间里与周围的环境构成一种“情境”，觉察、体验环境中吸引自己注意力的“实体”取决于一个经由自身经验或所属文化预设的“整体框架”。这种情境随个人的心情、个人与他人的关系，以及周围景物的变化而变化。没有作为主体的人的体验，外在的一切就不能构成意义。

这个情境中包含“时间”“空间”“人(自己)”和“尺度”这四个基本方面。

情境中的空间：空间是一组复杂概念的抽象术语，是事实空间、关系空间、感知空间、建构空间。首先，空间可以被看成一个容器、舞台，观察其所包含的“实体”，实体构成了一个“事实空间”，空间分布的聚集、排列、离散可以激发我们解释和探究；第二，从空间感知层面，我们如何去看？除了视觉还能不能运用其他感官或者借助技术？第三，当我们尝试对某种感知空间、事实空间进行解释的时候，我们需要建立一个参照系统、整体框架探寻一种“关系空间”，建立现象与现象之间的联系。第四，在我们探寻“关系空间”时，我们可能基于科学概念或基本的文化信念，这涉及知识储备，更深层次是社会文化建构的问题。我们需要意识到不同的人有不同的地理视角，谁在感知？从谁看？从哪里看？不同人群是否有不同感知？如何评估？是否有不同的评估？不同人群的评估有何不同以及如何

---

[1] Copeta C. Phenomenological methodology in the didactics of geography[J]. Geography, 1986, 71(1): 53-56.

[2] Hall E T. Beyond culture[M]. 6nd ed. New York: Anchor Books Editions, 1976.

[3] Meyrowitz J. The rise of glocality: New senses of place and identity in the global village[J]. 2005: 21-30.

[4] 汤一介, (法)W·汪德迈. 远近丛书: 天 乐黛云序·天[M]. 第1版. 岳瑞译. 北京: 北京大学出版社. 2022.

影响对空间的认知？

情境中的时间：时间不是具体实在，我们需要某种物象或模型以便将其概念化。因此地理情境不是一个固定的内容体或者像"原子"这样的实体。当我们把地理情境的地理特征、地理现象、地理事物看成一个"事件"或者一个过程的"产物"，可以通过推理进行反演而形成"产品"的一系列环境变迁，这是地质学上有名的"将今论古（the present is the key to the past.）"。把时间和空间结合起来可以构建"事件空间"，把地理空间放到时间的洪流中——地方乃由不同维度的演变进程交织构建而成：从地理视角看，其中时间的维度可以包括——地质学的、水文学的、地貌学的、气候学的、气象学的、生态学的、古生物学的、考古学的、人类学的，最后才是关乎人、人群的社会学现象，以上维度都可以说是"地理学的"，再到历史学的、经济学的，各种时空维度交织成一个复杂的网络。

情境中的尺度：为什么需要尺度？现象只有在相互关联和与更大的系统或整体的关系中才能被充分理解，在理解环境中各种实体之间的关系时我们需要一个框架或者参照系统，这就是尺度。脑科学研究表明，人类依据相对位置而不是绝对位置进行思考，相对位置就是空间中实体和实体之间的关系。尺度，是一种关系思维。

从专家思维看，地理学家是从事物在空间的安排中看到意义，审视人与地方、环境之间的关系。有学者认为，"地理眼"和"实践力"结合起来是地理研学"知"与"行"的两大支柱。所谓的"地理眼"，其视野和功能并非囿于地理课程的范畴。地理与教学都具有空间性，自然界与人类社会、天地万物无不具有特定的空间位置，而教学是抽象、均一的空间，地理则是具体、差异的空间，"地理眼"更加侧重现实性、实在性和实用性[1]。

"地理眼"是地理学家之眼（geographer's eye）的扩展说法。后者往往强调地理学家所看到的基本事实：从位置出发了解一个地方[2]是从地方内部的联系和地方之间的联系来把握的，从事件（如雾霾的生消）或事物（如化石）出发把握其内在的时间尺度。地理学家之眼是一种独特的空间思维，地理学家 Joseph Kerski 将其定义为"对大气层、岩石圈、水圈、地圈、人类圈（人类影响）和生物圈之间相互关联的过程和特征的认识、考虑和评价，其时空尺度与所研究的现象相适应"[3]。Jackson 将地理学家的思维方式描述为"一种独特的看待世界、理解复杂问题和思考各种尺度上相互联系的方式"[4]。这里的尺度并不是固化在单一尺度上的，地理思维的独特性就在于"为了解在某特定尺度上发生什么，必须同时注意较小尺度及较大尺度里正在发生什么"（克拉瓦尔）只有当我们对一个情境的把握有了不同尺度的双重描述才能更准确地把握眼前的地理情境。

情境中的人：尺度当作是"人"之外的"事实"，只是等待着被发现和使用吗？研学中，"人"才是关键。同时我们必须意识到，身处地理情境中的学生与情境的互动关系是多样

[1] 汤一介，（法）W・汪德迈. 远近丛书：天 乐黛云序・天[M]. 第1版. 岳瑞译. 北京：北京大学出版社. 2022.

[2] Gersmehl P J, Gersmehl C A. Spatial thinking by young children: Neurologic evidence for early development and "educability"[J]. Journal of Geography, 2007, 106(5): 181-191.

[3] Schmandt M. The geographer's eyes and feet[J]. Yearbook of the Association of Pacific Coast Geographers, 2014, 76(76): 13-21.

[4] Jackson P. Thinking geographically[J]. Geography, 2006, 91(3): 199-204.

化的，他们比以往任何时候都可能从事不同的活动，以不同的框架（尺度）理解“正在发生的事情”。

我们要从不同文化背景、不同户外体验基础、不同认知水平的学习者面对地理情境的共性出发进行引导——人是万物的尺度，也就是通过个人经验、选择性信息和主观评价塑造的镜头（地理视角）来观察自己的世界。——让学生意识到存在不同的地理视角；理解不同的地理视角是如何形成的；知道地理视角不仅包含一系列逻辑关系的整体框架（即尺度），更是一整套价值观、态度和信念（即世界观）对地理情境发生的投射；在分析、评估或试图解决问题时需要考虑一系列的地理视角，并且知道拥有一个视角其实就是进入了一个“框框（框架，即尺度）”，提醒学生有时候需要跳出特定的“框框”（单一的尺度）来把握地理情境。

“周游世界使人的判断无比清晰……这个伟大的世界是一面镜子，我们必须看到这个世界中的自己，才能认识自己”（蒙田），不同的地理视角可以丰富、扩展我们对世界的认知，这就是地理研学能让学生“见世面”的关键，如李秀彬[1]发现：

世界因为直接的经验而扩大，世界也因为间接的经验或知识而扩大。那经验的对象是一个个的“地儿”，那扩大的网是空间。……成长的一个标志，是内心中的“世界”的扩张。人沿着若干个维度在成长，地理是其中之一。古人劝学，曰：读万卷书，行万里路。学子矢志苦修，“读书破万卷”，理所当然。然而，凭什么还要“行万里路”呢？这一点，以前我一直弄不明白。读了段义孚之后，才豁然开朗：自我的扩张，离不开那个“地理我”的成长。

通过地理研学，不仅懂得“人是万物的尺度”，更能知道“万物是人的尺度”，才能达成认识世界、找到自己的立席之地，也就是认识自己的教育目的。

二、构建地理研学情境的策略

地理研学是以地理情境为载体的认知活动，在把握了学习情境基本问题的基础上，可以进一步构建地理研学情境。

在过去的50年里，地理研学的教学策略从传统野外远足，到基于假设-检验的野外考察和基于问题的地理探究，再到沉浸式研学和发现式研学（见图1-1）[2]。地理研学方式的变化，也反映出地理教育策略，“个人对环境反应的地理”反映了实地科学的本质，正处在人文主义地理学拓展的地理思想前沿。

在这些地理研学策略中，我们可以审视三组具有张力的关系：首先是教师和学生扮演着不同的角色，教师和学生的角色相互平衡，创造一种更以教师为主导或更以学生为中心的工作方式：教师的角色从无所不知的知识提供者（灌输）转变为教练（辅导），学生的角色

---

[1] 李秀彬. 家园·旅途·远方[M]. 第1版. 北京：商务印书馆，2016.

[2] Oost K，De Vries B，Van der Schee J A. Enquiry-driven fieldwork as a rich and powerful teaching strategy-school practices in secondary geography education in the Netherlands [J]. International Research in Geographical and Environmental Education，2011，20(4)：309-325.

从被动的接受者转变为积极的探究型学习者。其次，学习的焦点来自教师的预设还是学生的发现、体验；最后，对地理情境的把握是从还原主义的简化进行针对某个实体的研究，还是从关系思维出发建立整体的理解框架。

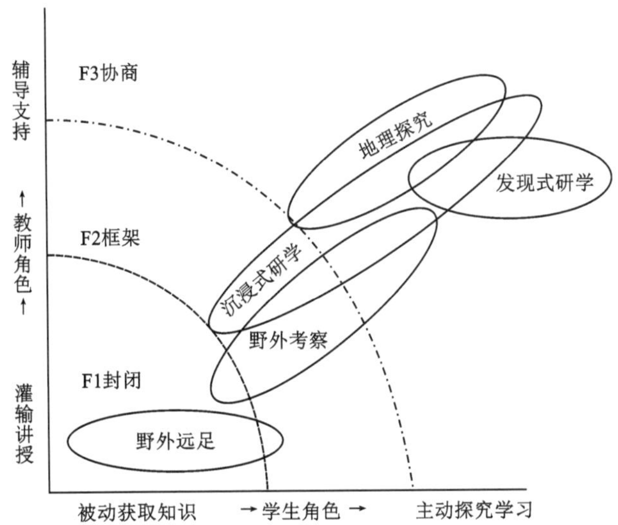

图 1-1 地理研学情境的组织策略(汤江波修改)[1]

Roberts[2] 开发了一个框架，将地理研学放在一个从“封闭”到“框架”再到“协商”的框架中，以了解学生或教师对学习的控制程度。“封闭”意味着学习过程是由教师控制的(教师主导的方式)。“框架”意味着学生是在教师设定和控制的条件下的积极参与者。“协商”意味着学生几乎控制了学习过程的每一个方面(以学生为中心的方式)。

在 Roberts 的基础上，进一步考虑从课程的知识属性进行区分。Muller 和 Young[3]构建了三种面向未来的课程：F1 课程的知识是灌输的，几乎没有改变或发展的空间，所认识的世界是“唯一的世界(world)”；F2 课程的知识是专业的、分化的、相对主义的，对世界没有一个整体单一的见解，对世界的认知建立在专业学科的框架之中，所认识的世界(world)由单数变成了复数(worlds)，不同的学科有不同的见解；F3 课程通过“学习共同体”，在教师的帮助下认识自己的天赋并发展自己感兴趣的学科方向，Young[4] 将这种学科知识称为强大的知识，它是“可靠的，可测试的，使学习者超越他们的经验”(Young)，这样学习者认识的世界是 “所有可能的世界”(all possible worlds)。

---

[1] Chang C H, Irvine K, Wu B S, et al. Reflecting on field-based and technology-enabled learning in geography[J]. Learning geography beyond the traditional classroom: Examples from Peninsular Southeast Asia, 2018: 201-212.

[2] Roberts M. Learning through enquiry: Making sense of geography in the key stage 3 classroom[M]. 2nd ed. Sheffield (Reino Unido): Geographical Association, 2006.

[3] Young M, Muller J. Truth and truthfulness in the sociology of educational knowledge[J]. Theory and Research in Education, 2007, 5(2): 173-201.

[4] Young M. What are schools for? [J]. Educação, Sociedade & Culturas, 2011 (32).

策略一：传统的野外远足

活动特征：○培养地理记录、地理解释的技能。○揭示自然景观和人文景观特征之间的联系。○树立地理景观在一定时间尺度演变的概念。○培养景观欣赏能力和孕育朴素的地方感。

典型教学活动：◆学生跟随熟悉当地情况的老师导览当地的风景。◆一般使用大比例尺的路线图、景观草图和示意图交代场地的地理背景，从人类活动的角度探索其地质结构、地形特征、土壤和植被的覆盖情况以及景观的演变历史。◆学生们对相关地理景观的认知方式以"听""记""答"为主。

评述：学习焦点度低、客观度高。

这种研学活动是最早由学校安排的户外学习活动形式，"看"或者叫"参观"是这种研学体验的核心。"看"是以景观为中心的，"看"必须有一定的视角，需要研学组织者对"看"进行规划——在正确的时间、正确的地点让学生看到"正确"的风景，需要串联研学路线上灵感点(inspiration point)——观景、徒步、骑行或者野外考察中，能够清晰辨识风景、环境的格局、能够看到神奇光影效果。对"看"缺乏训练的学生，可能对此有些漠然。可以考虑加入了"用照片讲故事"的任务激发他们更好地"看"，如把焦点安排在近景、中景或远景，挖掘地方感。

研学中，学习者一般是不"问"的，相对应就是教师对地理特征的说教，而不是指导学习者通过回答关键问题找到关系建立理解的框架。教师在解读景观中的概念如果不被学习者理解，很容易使学习者抽离学习情境。同时，教师掌握的大尺度地理知识无法解释小尺度研学情境可能会给学习者带来困惑。

策略二：基于"假设-检验"的野外考察

活动特征：○将地理理论或广义模型应用于真实的地理情境。○生成并应用基于理论的假设，通过收集适当的数据进行检验。○利用统计方法培养分析数据的技能，以便对照地理理论检验实地情况。

典型教学活动：◆常规的演绎方法包括，初始的地理理论判断、做出假设、随之对照实地验证——收集定量数据针对预期模式和关系加以验证。◆在实地勘察中，更多灵活的变式方法则鼓励学生基于初步的野外观察做出自己的假设，从而对收集到的证据进行理论归纳。

评述：学习焦点度中、客观度高。

野外考察的一个优势是鼓励学习者主动针对特定主题和对象收集、展示和分析数据。兴起于20世纪70年代地理学科的计量革命，是目前英国式地理研学的常态。

从教学实践的角度，"前置性学习"成为必然。也就是说，必须要有室内学习，充分研究实地的第二手资料(可能来自网络、数据、地图集)才能对第一手的实地环境形成期待，带着自己的假设到实地验证；也才能在实地发现新的地理信息，并提出"生成性"问题——

与课堂学习更加紧密，学习者要依据所学知识、概念针对实地情况进行验证。

其涉及的主题往往具有实体性质，可能包括花草、鸟类、矿物、岩石、溪流、建筑、聚落……如澳大利亚自然力(ecoliteracy)教育将植物辨认、矿物岩石鉴别纳入了课程。但是往往限定了对象、限定了方法，甚至刻意要求学习者尽可能地客观，对研学情境从感情上保持距离，这可能会减少学习者的主人翁感，并压抑他们从整体上探求他们感兴趣的问题，无法体会到地理事物之间的联系以及激励他们探究更广泛的地理背景。

由于地理信息技术的发展，基于研学点可收集的地理数据更多，也有更多的工具将收集到的数据可视化，并进一步展示和分析。在5G或更高网络传输率水平下，将户外活动与无法进行户外的学习者通过连线构建研学团队开展深度学习，可以大大延伸这种学习方式的潜力。

策略三：地理探究

活动特征：○鼓励学生识别、建构并提出地理问题。○使学生能够识别和收集关键信息，以回答自己提出的地理问题并对自己的发现进行说明和解释。○让学生把他们的发现运用到更大尺度的世界或更小尺度的个人决策上。

典型教学活动：◆最好是根据学生自己在实地的体验，确定一个地理问题、议题或难题。◆接着为了回答自己的主要问题而收集合适的数据或证据(定性或者定量)以支持其推断或判断。◆如此调查的结果得到评估后，可以酌情应用于合适的地方，可能是理解更大尺度的世界，也可以是更小尺度的个人决策。

评述：学习焦点度高、客观度低。

这是20世纪70年代末出现的一种地理研学，试图解决策略二的局限性[1]。如何提出地理问题？针对地理情境前文已经提出了若干方向，从整体上可以提出“哪里是什么?”(what is where?)或地理知识的事实性方面——具体到地理位置，地理教学或探究的乐趣才真正开始[2]。进一步提出“为什么在那里？(why there?)”和“为什么关心？(why care?)”的问题形成对地理情境的整体把握并进行知识建构。

实现地理探究的关键是提出真正的问题。“个人对环境反应的地理”是通过问题来探究的，明确说明所探讨的问题和所提出的答案或结论之间的联系[3]，这就是说从这个问题的应答域中寻找有力的证据回应的过程就是探究学习。应答域是问题到答案的桥梁，既是背景知识的一部分，又是问题的组成部分！它将问题与背景知识沟通起来，像路标一样指示了向何处去寻找问题的答案！

---

[1] Job D. Geography and environmental education: An exploration of perspectives and strategies[J]. Geography in Education: Viewpoints on Teaching and Learning, 1996: 22-48.

[2] Gritzner C F. The geographic “mental map”: Can “anyone”(really) teach geography? [J]. Journal of Geography, 2004, 103(1): 43-45.

[3] Slater F. Learning through geography. Pathways in geography series, Title No. 7[M]. 5nd ed. Pennsylvania: National Council for Geographic Education, 16-A Leonard Hall, Indiana University of Pennsylvania, 1993.

地理研究性学习权威之作《通过探究学习》中，这样说："如果地理是值得学习的，那么地理探究，应该帮助学生对周遭的世界有所感觉，应该对他们所听到的、看到的、读到的这个日常生活的世界有所感觉；应该帮助他们获得对世界不同的、富有个性的感知……地理探究，应当聚焦于真实的一系列问题，聚焦于空间和地方，那些对孩子们来讲在真实层面上的数据（按：作者所称的数据包括文本、图表、数字等多种表征形式），这些数据孩子们更多的是在教室以外的世界偶遇到的"。某种程度上，研学情境就是设计好的"偶遇"[1]。

地理探究的框架包括从愤悱状态到使用数据、生成意义、反思学习，再到新的愤悱状态这样一个闭环框架[2]：

愤悱状态：○保持好奇心○猜测○假设○运用想象力○产生想法○与现有知识建立联系○发现问题○提出问题○计划如何研究

使用数据：○定位证据○收集证据○选择证据○数据排序○数据分类○重组数据

生成意义：建立各种各样的联系，包括：○将现有知识与新知识联系起来○描述○解释○比较○对比○分析○解释○识别关系○分析价值○明确价值○得出结论

反思学习：对以下方面持批判态度：○数据来源○使用的技能和技术○做出判断的标准○意见○学了什么○学到了什么○如何改进调查○如何进一步发展调查○产生了什么价值

提出问题、寻找证据、回答问题只是引导地理探究这种地理研学的关键。从课程设计的角度，更深层次我们始终要思考如何使学习者达到愤悱状态，通过反思是一个途径，反思的动力呢？或人为什么会在地理情境中不断求索？探索（exploration）隐含了一个本体——"自我"是"我探索"，所探索之物并不仅仅是"我的外在世界"，或者"我所生活的外在世界"，而是找到"自我"在这个世界中的一席之地或者是"掌控感""征服欲"，所以，探索往往是自我验证性的，无论其结果好或者坏，对于探索者来说都是愉悦的，就像玩电子游戏一样，对于人来说，它似乎还具有成瘾性[3,4]。

 策略四：发现式研学

活动特征：○允许学生在景观中找到自己的兴趣所在（而不是通过老师）。○允许学生找到自己的研究重点和调查方法。○让学生通过掌控自己的学习来达到自我激励的目的。

典型教学活动：◆教师扮演发起者和咨询者的角色，允许团队沿着自己设计的路线穿

[1] Roberts M. Learning through enquiry：Making sense of geography in the key stage 3 classroom[M]. 2nd ed. Sheffield (Reino Unido)：Geographical Association，2006.

[2] Roberts M. Geographical enquiry[J]. Teaching Geography，2010，35(1)：6-9.

[3]（美）G·格雷戈里·贝特森著. 心理与自然：应然的合一[M]. 第1版. 钱旭鸳译. 北京：北京师范大学出版社，2019.

[4] Chang C H，Irvine K，Wu B S，et al. Reflecting on field-based and technology-enabled learning in geography[J]. Learning Geography Beyond the Traditional Classroom：Examples from Peninsular Southeast Asia，2018：201-212.

越地理景观。◆当学生针对实地提出问题时，可能前后矛盾，教师应鼓励学生进行深入的思考。◆然后通过讨论和会商记录确定小组进一步调查的主题或方向。◆这进一步的工作产生于学生自为的看法和偏好，而不是教师的推助（动）或提醒。

评述：学习焦点高、主观度高

“在教室以外的世界与这个世界偶遇”的过程，不期然让人心动的画面、动作、奇花异草都可能偏离任务单，这就是地理研学的魅力之一。“野外体验是新奇和多样化的”[1]“野外旅行是一场冒险，像所有奇遇一样，可以既惊人又有趣”[2]。按照“觉察/融入→探究→关心和行动”这种地理研学的综合实践模式[3]，可以两个方向切入。

一方面，寻找在地理情境中的“触点”——通过方言、美食、民居、与当地人聊天以及绘制最佳穿越该地方的地图，还可以追踪垃圾分类车的路线了解城市垃圾的产生、分类、装运以及垃圾产业。问题被写在“发现卡”上，作为进一步融入环境的工具，培养地方感，甚至思考当地可持续发展的策略。提炼这种体验，有人采用焦点呈现法[4]，有效地进入探究环节。

另一方面，可以从家国情怀和全球意识，或“人类世”关切出发，从“关心和行动”一端逆向探究，找到行为和观念的环境条件，也就是在真实的世界中让学生“看见”地理。这是基于信息和通信技术（ICT）在过去几十年中的迅速发展，搜索（更大尺度，而不是一般的户外）地理事实变得容易，因此有必要研究我们如何让学生超越简单的知识获取，发展他们寻找这些事实的技能[5]。学生有可能通过互联网搜索而变得“对他们找到的信息不加批判”。事实上，我们希望教育孩子们用他们的地理思维方式来寻找信息，并对他们所找到的东西加以理解——这是F3地理课程的理想。信息和通信技术使儿童超越了传统地图，进入了一个可以用三维空间表示空间信息的界面，儿童可以输入、操作、分析和检索空间数据，从而确定空间和非空间数据之间的模式和关系。这些不同的地理空间技术使儿童能够视觉化和理解真实世界[6]。

策略五：沉浸式研学

活动特征：○通过使用所有感官，鼓励新的环境敏感性。○通过情感参与培养对自然

[1] Chawla L. Children's concern for the natural environment[J]. Children's Environments Quarterly, 1988, 5(3): 13-20.

[2] Gerber, Rod, and Goh Kim Chuan, eds. Fieldwork in geography: Reflections, perspectives and actions[M]. 2nd ed. Berlin: Springer Science & Business Media, 2000.

[3] Hawkins G. From awareness to participation: new directions in the outdoor experience[J]. Geography, 1987: 217-222.

[4] 焦点呈现法即ORID（Focused Conversation Method），是一种通过催化师（主持人、引导讲师）引导来开展的结构化汇谈（会议、交谈）形式；该方法常被用作对事实进行分析和感觉某一工具和方法（O实践-客观事实、R感受-客观反射、I意义-事实分析，D行动-基于事实的下一步行动）

[5] Favier T, Van Der Schee J. Learning geography by combining fieldwork with GIS[J]. International research in geographical and environmental education, 2009, 18(4): 261-274.

[6] Chang C H, Irvine K, Wu B S, et al. Reflecting on field-based and technology-enabled learning in geography[J]. Learning geography beyond the traditional classroom: Examples from Peninsular Southeast Asia, 2018: 201-212.

的关爱态度和与他人的共情能力。○承认感官体验与理解环境的智力活动一样重要。

典型教学活动：◆旨在刺激感官的结构化活动，以提高对环境的意识。◆使用眼罩的感官行走、绘制声音地图。◆创作诗歌和艺术作品都是有特色的活动。◆可以作为更传统的调查工作之前的介绍性活动，或培养对环境变化的地方感、审美或批判性评估。

评述：学习焦点低、主观度高

沉浸式研学源自自然主义教育传统，但人本主义地理学者挖掘了其中的空间感、地方感因素使之成为地理性野外考察的学术资源，是目前地理野外考察的创新发展方向。传统的感知徒步是让参与者关闭某些感官通道，比如遮住眼睛去摸，去闻森林里的枯枝落叶、腐殖土壤，用导盲杖上山下山，用声音地图去判断方位、确定地方。理解古建筑中亭台楼阁配属的楹联，也可以打通文学表达和景观体验。这样的“沉浸技巧”（“immersing techniques”）更容易让学习者找到觉察/融入环境的“触点”，从而作为发现式研学的前奏。

如果体验我国南方地区尤其是长江中下游地区曾广泛存在的一种农事活动“抢收早稻、抢种晚稻”，俗称“双抢”，在积水的稻田中捕捉稻花鱼，在插秧中体验水稻土的质感、气味、动态……，可以体验到“抢”的挑战和艰辛，更可以明白“粒粒皆辛苦”以及“丰收”对于农户的意义。

沉浸式研学有助于超越“看”（视觉）的研学，偏重于情感、态度、价值观的生成而非指向概念或逻辑推理。如戴上眼罩让学习者在同伴的帮助下体验城市的盲道，从而评估盲道设置的合理性等，鼓励学习者仔细观察周围的环境，并与其他人产生共情。

沉浸式研学不是把“环境”作为一个抽象的概念来关注，而是基于这样的问题开始：“是什么让一个特定的环境具有个人意义？”并应着重于发展对地方的感觉反应（Adams，1989）。从这个角度上说，“个人对环境反应的地理”对环境保护至关重要，因为仅有认知上的理解并不足以促使我们关心自然界[1]，环境教育应该促进对我们生活的环境的探索和欣赏，如果没有“融入环境”的体验，儿童往往会产生恐惧和不适，妨碍他们认识和关心大自然的世界[2]。

Golubchikov 认为，“感觉之旅”（feel-trip）是一种“明显高于认知”的地理研学概念，突出情感和感官参与，这一概念不仅对于“创造更有启发性的学习条件，对学生的想象力和思维产生持久的影响，而且对于激发反思和批判技能，从而潜在地对知识进行更负责任和合乎道德的操作”很重要。进一步提出的“批判性感觉之旅”概念，将其作为一种教学叙事，可以在研学中有效处理体验、情感和批判性学习（critical learning）三个维度的关系[3]。

沉浸式研学特别强调知识的具身性、安置性和个体建构性的方法，学习过程中游戏的关键潜力，以及如何使学生有勇气展示独特的理解，从而导致学生的个人转变[4]。

---

[1] Chawla L. Children's concern for the natural environment[J]. Children's Environments Quarterly, 1988, 5(3): 13-20.

[2] Hay R. Sense of place in developmental context[J]. Journal of Environmental Psychology, 1998, 18(1): 5-29.

[3] Golubchikov O. Negotiating critical geographies through a "feel-trip": Experiential, affective and critical learning in engaged fieldwork[J]. Journal of Geography in Higher Education, 2015, 39(1): 143-157.

[4] Morris N J. Teaching sensory geographies in practice: Transforming students' awareness and understanding through playful experimentation[J]. Journal of Geography in Higher Education, 2020, 44(4): 550-568.

总之，地理研学不仅作为一种“技能”有助于“培养个人品格和社会能力，特别是日常生活中有关空间方面的能力做出贡献”（《地理教育国际宪章》，1992），而且在其研究对象，即作为人类家园的地球，显然具有重要性。不仅“人类时代”或人类世这样的术语提示了地理研学将发挥前所未有的教育功能，结合中国身处两个大局——一个是当今世界处于百年未有之大变局，一个是中华民族实现伟大复兴战略全局，地理教育具有新的、不可替代的价值，地理学将有大作为。从这个角度看，有理由相信[1]。地理研学更能“协助学生应付当前和未来的挑战”“有必要……可以有较长的时间，以使学生能完成专题研习和野外考察”（《地理教育国际宪章》，2016 年）

[1] Lambert D . The geography of it all[J]. Public History Weekly, 2021：17408.

第二章

地理研学旅行课程设计

地理研学旅行课程可以从广义和狭义两个方面来理解。广义的课程更加强调的是学校为实现对学生的培养从而进行的教学教育内容及其进程的综合，即教师有目的、有计划地针对所教授的学科进行的教育活动。《关于推进中小学生研学旅行的意见》(以下简称《意见》)提出：学校根据学段特点和地域特色，逐步建立小学阶段以乡土乡情为主、初中阶段以县情市情为主、高中阶段以省情国情为主的研学旅行活动课程体系。

实施地理研学旅行活动的前提，也是地理研学旅行的核心，即地理研学旅行课程的开发和设计。《意见》指出，各中小学要将当地的实际情况结合起来，充分地将研学旅行纳入学校的日常教育教学计划，做到和综合实践活动课程相结合，不断推进研学旅行与学校课程有机融合。因此，作为地理教师的我们在对地理研学旅行课程进行设计时，必须用心、专心、细心，设计要明确，活动要多样，要在研学过程中提高学生的学习效率，同时还要防止出现“只旅不学”或“只学不旅”的现象。因此，要开展高质量的地理研学旅行课程，提供高质量的服务，必须将课程的开发和设计放在首位。

第一节　地理研学旅行课程主题设计

《中小学综合实践活动课程指导纲要》指出：综合实践活动要从学生的真实活动和发展需要出发，在生活情境中发现问题，将问题转化为活动主题，通过探究、服务、制作、体验等方式，培养学生的综合素质。因此，依照活动方式来划分，研学旅行属于活动考察探究类。

一、地理研学旅行课程主题设计原则

(一)地理研学旅行课程主题设计要具有综合性

研学旅行被纳入综合实践活动课程，内容覆盖面十分广泛，具有综合性，这也是研学旅行课程与传统课程的最大区别之一。我们的地理研学旅行课程是在行走中开展的，建立

在社会这一大课堂的背景下，学生的学习、研究和体验并不是孤立的，他们对于课程主题的学习也应多维度、多层次地展开。这恰恰体现了对知识的积累、生活经验的积累和社会经验的积累。所以主题的设计也要强调课程的综合性。

（二）地理研学旅行课程主题设计要具有融合性

研学旅行课程的综合性决定了该课程在目标设定、资源的开发与选择、研学内容和活动环节的设置等方面要注重融合性。它在研学旅行中将实践育人的教育目标进行系统的整合，同时也将校内和校外的教育资源进行跨界的整合，充分地调动了学校周边地区的资源乃至其他地区的教学资源。

（三）地理研学旅行课程主题设计要具有思政性

《意见》特别强调，让广大中小学生在研学旅行中感受祖国的大好河山，感受中华传统美德，感受革命光荣历史，增强对“四个自信”的理解和认同；同时学会动手动脑，学会生存生活，学会做人做事，形成正确的世界观、人生观、价值观。比如在围绕岳麓山开展的地理研学过程中，我们可以充分结合岳麓山的人文地理背景，如麓山忠烈祠、七十二将军墓、第九战区司令部战时指挥部旧址等，将爱国将士的事迹融合在地理研学旅行课程的主题设计中，体现爱国主义思政性。

（四）地理研学旅行课程主题设计要具有实践性

“纸上得来终觉浅，绝知此事要躬行”“知行合一”等思想已经得到绝大多数现代教育的认可。教育必须发挥“实践育人”的功能，而这恰恰是课堂教学的软肋。虽然我们的课堂教学改革一直在朝实践方向努力，但效果并不理想。研学旅行正是为了弥补课堂教学的不足而提出的。研学旅行因地制宜，呈现地域特色，引导学生走出校园，在与日常生活不同的环境中拓宽视野、丰富知识、了解社会、亲近自然、参与体验。研学旅行之“学”充分发挥了教学的实践功能，让学生在实践中学习知识、掌握知识、升华知识和运用知识。

实际上，研学旅行是基础教育课程体系中综合实践活动课程的重要组成部分，是一种集社会调查、参观访问、亲身体验、资料收集、专家点评、集体活动、同伴互助、文字总结等为一体的综合性社会实践活动。从教育部的要求和各地开展研学旅行的实践情况来看，研学旅行的内容安排遵循由乡土乡情到县情市情再到省情国情的由近及远的顺序是比较适宜的，具有实践的可操作性。在现代学习理论看来，如果仅仅从理论上学习知识，这样的理解是不够深的，也就是说，将经验学习理论核心素养、PBL 项目制学习进行整合，能使地理研学旅行课程独具实践性，也只有通过学生自己亲身实践与体验，才能将知识更好地内化，这恰好与研学旅行课程开展的目的高度契合。

（五）地理研学旅行课程主题设计要具有跨学科性

地理研学旅行课程是在“移动的课堂”、在社会的大课堂下学习，学习内容是多元化的，它注重多学科和跨学科的融合。如在围绕爱晚亭开展地理研学时，就涉及语文学科当中的诗词《沁园春·长沙》、历史当中相关的背景与人物，同时也会涉及生物学科当中的动植物和生态环境的相关信息，以及涉及美术等学科范畴的相关问题。

（六）地理研学旅行课程主题设计要具有安全性

目前研学旅行难开展的重要原因之一就是安全问题。研学旅行活动的特殊性和对象的特殊性，要求教育、交通、旅游等部门未雨绸缪，做好研学旅行的各种防范性工作以及安全事故的应对措施。也正因如此，教育部等部门的文件明确规定了安全性原则：“研学旅行要坚持安全第一，建立安全保障机制，明确安全保障责任，落实安全保障措施，确保学生安全。”小学阶段以乡土乡情研学为主，初中阶段以县情市情研学为主，高中阶段以省情国情研学为主，这样的研学旅行活动体系的建立，也是根据学生的年龄特点做出的符合安全性原则的要求。

首先是选择安全研学线路，避开高山深谷、悬崖峭壁，避开地质、水文等灾害多发地点；其次是交通安全，要找有资质的运输公司，确保交通安全；三是食宿安全，要找有资质的研学基地。另外，要给每一位参与人员购买相关保险。

（七）地理研学旅行课程主题设计要具有经济性

地理研学旅行的开展也需要考虑经济方面的因素。研学基地的选择、研学时间的安排都应该考虑学生的消费水平。在课程设计之前，老师需要大致估算出需要花费的费用，要考虑学生对地理研学旅行课程费用的承受能力，不能因单方面追求设计的独特性而花费过高。在地理研学旅行课程开始之前，需要告知家长和学生活动相关信息，同时也需要解释费用明细。

二、地理研学旅行课程主题设计类型

（一）单一主题设计

地理研学旅行课程以某一个具体的主题作为研学的核心目标或内容开展活动，这种主题设计称为单一主题。课程的单一主题可以针对某方面的特定内容，如关于“农业”主题的地理研学旅行。以该活动为例，它最适用于高 下学期的学生，因为该学段的学生学习了农业区位因素及农业布局，且储备了一定的自然地理和人文地理的知识，学习能力强。但是由于课程时间紧张，大部分的学生没有时间外出参加实践活动，因此，学生分析农业区位因素的能力较弱，运用所学地理知识分析解决实际问题的能力不强，尤其对于农业生产、发展的认识大多还停留在书本层面，更有甚者不能区分常见的农作物。所以作为中学教师，可以充分基于学情以及当地的地理研学资源设计以“农业”为主题的地理研学旅行课程。

以长沙市为例，望城是长沙唯一纳入环洞庭湖生态经济区的区域，水资源丰富，湖田水质良好。以前是传统农业，大多发展种植荷花、养殖四大家鱼产业，农业效益较低。几年前，望城致力于发展荷花虾项目，2018 年，荷花虾成功入选湖南省“一县一特”主导特色产业名录。教师可以选取该地作为研学基地去实地分析农业区位因素，让学生在实地考察中更加充分地理解农业区位的概念、特点、区位因素等。

(二)综合主题设计

综合主题，顾名思义，是多个单一主题的融合。一般情况下，会依托地域特色设置地理研学综合主题，如陕西省研学。陕西省有中国地理南北的分界线——秦岭，可以进行自然地理类的探究学习；陕西作为秦汉文明的发源地，有多彩的民俗艺术，可以作为艺术赏析的资源基地；省会西安市作为十三朝古都，有丰富的历史人文考察资源。这种没有明确区分主次的，多角度、多方式、多内容的主题设计研学就是综合主题的研学旅行。

综合主题的研学旅行内容是并列的、独立的，不存在逻辑和先后顺序，可根据开展活动的时间长短进行内容上的添加和删减，并不会影响整体研学旅行活动的开展。以《岳麓山地理科考》地理研学课程旅行为例，岳麓山有典型的断层、地形倒置等地质地貌现象，可以进行自然地理类的探究学习；岳麓山位于国家首批历史文化名城长沙市湘江西岸，依江面市，为世界罕见的集“山、水、洲、城”于一体的国家AAAAA级旅游景区、国家重点风景名胜区、湖湘文化传播基地和爱国主义教育示范基地，具有丰富的历史人文考察资源。我们可以从地质地貌、水文、土壤与植物等多个角度去设计主题，也可以根据时间长短去设计不同的地理研学路线。

一般情况下，主题是按照层次设计的，主题的层次越高，包括的范围越大，内容就越丰富。有时，主题在前期并没有明显的层次划分，在大主题被确定后，需要引导学生不断地将主题范围缩小，逐步确定学生具体学习和研究的内容。可以说，研学旅行课程是通过体验性活动，让学生在主题下不断缩小关注点，最终确立自己的研究小课题，获得知识，提升能力，增强体验的活动。

第二节　地理研学旅行课程分类设计

研学旅行课程分类方法没有权威和固定的标准，一般来说，遵循一定的逻辑分类即可。地理研学旅行课程就可以依照不同的标准去分类。地理研学旅行课程的主题设计常常与课程内容密切相关。以地理教材的知识体系来划分，我们可以将地理研学旅行课程分为三大类，即自然地理部分、人文地理部分和综合部分。而以自然地理部分为例，我们可以进一步细化为地质类的课程设计、地貌类的课程设计、水文类的课程设计、土壤植被类的课程设计等。比如岳麓山地区“解读岩石秘密”课程，该路线就可以围绕岳麓山沉积环境的形成而设计。这样的课程分类设计对于课程内容的综合学习更具针对性。

就自然地理及人文地理环境研学旅行课程部分为例，我们可以将其细分为以下内容。

一、地质类课程设计

地质部分的内容在中学地理中十分重要，地质类的课程设计意图是要学生在已有知识的基础上，通过观察、分析和探究等过程，将所学理论知识与生活实践相结合，提升学生动手和动脑的能力，培养地理实践力。结合当地区域地质资料，通过实地观察和测量，可以研究褶皱、断层等的地质意义和当地山脉形成的可能成因。培养学生收集、整理资料的能力，同时加深学生对当地区域认知，发展综合思维。也可以将一个大的研学任务拆分成几个小任务，通过指导学生完成相应的小任务，最终解决核心任务，重在培养学生解决问题的思维，提升解决实际问题的能力。

例如，针对岳麓山的地质类的研学资源，有断层、节理、地形倒置等。围绕岳麓山的地质可以制定如下课程目标：

(1)学习并掌握地质罗盘的基本结构，并懂得在野外地理环境中使用地质罗盘的基本操作方法。

(2)学会在野外地理环境中判断断层，理解掌握断层基本的形成原理。

(3)理解并掌握节理的基本概念，掌握基本的节理分类方式并了解其基本特征。

(4)学习并理解产状的基本概念，掌握测量产状的基本方法。

(5)利用放大镜，观察岳麓山的岩石特征，识别三大岩石类型(拍照)，并对比其主要矿物成分差异。

二、地貌类课程设计

中国国土面积辽阔，地形复杂多样，同时也拥有丰富多彩的地貌类型。教师可以针对学校附近丰富的地貌资源进行挖掘和探索，进而设计出具有乡土地理特色的研学旅行课程。

如丹霞地貌因广东的丹霞山而得名，在我国的浙江、福建、江西、四川、贵州等南方省份广泛分布，是一种垂直节理发育的红色砂岩或砾岩，是在流水或风力的侵蚀作用下形成的地貌类型，在我国南方地区最为典型。以上省份的教师可以充分利用当地资源带领学生探究丹霞地貌的成因、特点等地理问题，提高学生的综合思维能力和地理实践能力。

在讲解地理教材中喀斯特地貌的相关内容时，若是当地有拥有喀斯特地貌的景区，教师可以带领学生去观察溶洞、洼地、石林、石芽、落水洞、地下暗河、盲谷等各种地貌形态，让学生小组合作探究，观察溶洞、石钟乳、石柱、溶洞、石笋的形状特点，思考形成过程，并绘制简笔图。典型的喀斯特地貌比如云南路南石林、贵州双河溶洞、重庆小寨天坑、广西桂林山水等，地理教师都可以充分开发相关地貌的地理研学旅行课程。

对于地貌类课程的教学目标设计可制定如下：

(1)通过实地观察，辨识该地地貌类型。

(2)观察并总结该地地貌景观的主要特点，并分析地貌成因。

(3)简单分析地貌和其他自然地理要素之间的相互作用，及其与人类活动之间的关系。

三、水文类课程设计

水文类的课程设计意图即引导学生利用地图，结合区域地理资料，解决相关实际地理问题，培养学生地理实践能力，增强学习地理的兴趣；根据区域地理资料，探究水循环的类型及意义，深入理解地理区域性的内涵，认识区域间的联系和差异，提升区域认知能力；通过观察河流特征，分析河流的地质作用，探讨峡谷和瀑布的成因，旨在考查学生的综合思维能力；将水文、地貌、气候等自然地理要素有机结合，全面而系统地进行分析，改造并重构学生知识体系，完善学生自身的知识系统。

对于水文类的课程设计，教师可以安排学生观察并记录该地的河流部分流段的流速、含沙量、流量、河道形态；判断河流的凹凸岸；判断河流的发育阶段；观察该地的河流水质，并思考保护河流环境的措施有哪些。通过简单观察当地河流的水文特征，综合判断该河段属于河流的哪种发育形态，将所学知识运用于实践中，帮助学生提升地理实践能力。河流是人类的母亲河，让学生意识到河流水质现状，并思考改进措施，有助于提升其环保意识及乡土认同感。其目标要求设计如下：

（1）观察当地湖泊形态与特性，了解当地湖泊主要地貌类型及水文特征，掌握基本的测量水质的方法。

（2）理解并能判断河谷地貌的类型与特征；能根据冲积物的特征推测河流的地貌类型。

（3）学习并掌握河流阶地的形成特点及形成原理。

四、土壤植被类课程设计

我们生存的地球，因覆盖植被才变得生机盎然，而土壤为植被提供了扎根立足的条件。植被与土壤既是自然环境的形成要素，又是自然环境演变的结果，因此，对自然环境具有指示作用，分布也具有显著规律。与大气和水一样，植被与土壤也是人类赖以生存的最基本的自然条件。因此，土壤植被类的地理研学课程旅行设计是十分重要的。教师可以基于当地土壤类型讲解其与当地植被优势种的关系，在该课程中可以安排学生挖掘土壤剖面，在实践动手中更好地理解各个土层的特性和作用。与此同时，选取当地较具特色的植物或常见的植物，进行观察对比，进而总结规律。土壤植被类的课程设计目标要求如下：

（1）学习并掌握土壤剖面采样的基本方法，理解不同土壤层的形态特征。

（2）理解并掌握在气候条件影响下该地的主要植被类型，观察并描述该地植被群落的地域分异规律。

五、人文地理环境类课程设计

人文地理环境是地理中最为重要的一部分。人文地理环境类的课程设计可以包括许多内容，如探究农业、工业、服务业等的发展对地区经济发展的推动作用；探究当地交通运输布局对城市发展的影响等。以长沙市岳麓山脚下人文环境的更替演化为例设计相关课程，其目标要求如下：

（1）以分组探究的模式探究岳麓山地区的地理区位因素及其影响和作用。

（2）考察岳麓区新建城区社会经济形态的阶段性变化。

（3）分析高新技术产业的发展对岳麓山地区经济发展的推动作用。

(4)考察“麓山村商业文明街”，探究其影响商业、旅游业发展的区位因素。

(5)调研首批国家重点建设大学城，探究教育水平与高素质人才推动岳麓区经济发展的作用。

(6)考察地铁站的静态布置(地标性地标、站内展示装修、便民服务)，动态活动(地铁文化节)，探究交通建设(或地铁文化)对岳麓区经济发展的影响和作用。

第三节　地理研学手册的设计与编写

地理研学手册相当于地理研学旅行课程中的“教材”，它在研学过程的前、中、后期均会被使用。它是学生在旅行过程中最重要的学习载体，不仅内容要具有科学性，能给学生提供学习的指引，还能增加学习过程的趣味性，激发学生对于地理研究和探索的欲望。地理研学旅行是一种相对集中且周期短的学习，因而评价也不能像传统课程那样，应该具有一定的即时性，能够及时记录学生的学习过程，让学生的学习有成就感、满足感。同时，研学手册不宜太厚，要便携、小巧精致，在装帧设计上也要有一定的特点。

一、地理研学手册设计原则

(一)研学手册的设计任务量要适当

在研学过程中，学生会观察许多地理研学点，但并非每一个研学点都要设计任务，教师在设计研学手册时需注意设计适当的任务量，否则会出现学生研学兴趣不高甚至出现厌倦、排斥等心理的情况。

(二)研学手册的设计难度要基于学情

以学情为基础，将研学与地理课程的知识、方法、技能相结合，展开深度学习。深度学习需要精准掌握学生的学情，研究学生的最近发展区，设计适合在真实情景中运用的案例，同时通过真实的研究反哺课程学习。研学的难度过高，往往会影响学生的探究积极性，进而影响研学的效果。研学的难度过低，研学又将沦为单纯的旅游，不利于学生地理实践能力的提高。因此，以学情为基础是研学活动有效开展的保障性因素。

地理研学旅行是一项综合的地理实践活动，对于学生地理知识、地理方法、地理逻辑思维等的要求较高，因此，要充分发挥地理研学手册作为“教材”的作用，教师应基于学生当前学习水平，适当补充部分地理知识和方法技能来帮助学生学习。如岳麓山研学点，因涉及对土壤的深度研究，故在设计研学手册任务时，应对土壤的定义、形成过程、土壤剖面构造等知识进行适当补充。

(三)研学手册的活动设计要多样化

以学生全过程参与为原则，强调把主动权交给学生，让学生充分发挥主体地位，参与研学目的地的确定、活动的设计、实践与反思交流等过程。老师作为服务人员，在研学过程中为学生提供后勤保障、知识辅助、决策建议、方法指导等服务。为遵循这一原则，教师在设计研学手册时要运用多种活动使学生充分参与。

地理实践活动，可分为地理观测、地理调查、地理考察、专题研究等，往往涉及许多地理实践的方法，如观察法、实验法、资料查找法、访谈法等。研学过程中，应尽可能融合多种研学方法，带给学生更多的实践体验，以发展学生合作探究、动手操作、逻辑思维等地理实践能力。以“岳麓山地理科考”地理研学旅行课程为例，除了利用观察法让学生对比观察枫叶和银杏叶形态区别，还设计了在野外采集石英砂岩的标本的活动，避免了以教师讲授为主的现象，让学生在野外实践中得到了更多的锻炼，这也恰巧符合培养学生的地理实践能力的要求。

二、地理研学手册设计思路

地理研学手册的设计是一项教育性、综合性和专业性很强的工作，需要教师合作研发，包括搭建框架、确定主题、划分板块、组织材料、恰当呈现等。研学手册的编制伴随着游学考察踩点、课程线路设计、目的地学习资源分析、教与学方式设计等一系列的课程建设要素选取与有机整合。如果说，地理研学旅行课程建设是一个预设与生成的动态过程，那么，研学手册的研制也是一个不断修订的过程。每一次的研学手册都不完全一样，会随着课程时间和目的、主题的不同而修改。其具体设计思路如下。

（一）确定研学活动主题

地理研学是课堂教学的延伸，学生的研学活动不是随心所欲地走马观花，而是为了更好地提升自身的素养。因此，研学主题不能随意而为。首先要明确研学的目的是什么，其次要根据具体的学情和实施情况，确定通过哪些途径、到哪些地点完成这一目的，即将具有内在联系的分散研学资源点通过“核心主题”串联成一个整体，使得研学活动有一条明确的主线。这里的“分散研学资源点”可以是一个具体的公园、场馆或自然景观中分布的活动点，也可以是一个区域范围内的不同公园、场馆或自然景观。研学活动课程的主题一般采用“活动地点+素养类型”的方式，活动地点、素养类型必须明确、具体。

（二）制定研学目标

研学目标是期望学生在经历研学活动后获得的成长。学生通过研学课程树立正确的世界观、人生观、价值观，感受中华传统美德和社会认同，培育爱国、爱家、爱社会、爱自然的积极情感，以及勇于探索、勤奋学习的优良品质；培养操作技能、探究方法、思维判断、处事能力等方面的素养。

目标的编制一方面要分析学情，从学生的认知与能力的基础出发，另一方面要分析研学的资源是否有让学生实现目标的基础条件。在目标的描述上要遵循具体、可操作、可检测的原则，并在设计项目活动时，将总目标分解到每个具体的项目活动中。

(三)资源的收集与筛选

虽然许多场馆或公众旅游场所一般会有明确的主题，但作为研学手册编制主体的教师，对每一个主题场馆中的资源其实是不熟悉的。因此，教师需要有一个清晰的认识。同时，活动场馆中的资源是相对丰富的，教师对哪些资源可用、哪些资源不可用需要做好分类。在资源的收集、调研过程中，教师必须与资源单位进行沟通，获得资源单位的支持与帮助。

(四)确定课程内容框架

综合考虑研学活动的目标要求、学情基础、活动时长、经费等各项因素，教师应对课程资源进行活动项目的设计，建立课程内容的基本框架，确定每一个活动项目的研学要求和实施过程的基本思路。为避免活动项目开发的盲目性，在正式细化活动项目前，教师应就确定的课程内容与资源单位的专业人员进行互动研讨，明确活动实施的可操作性。

(五)细化项目内容

教师要对活动项目的具体活动内容、活动流程、活动路线、活动时间等内容做出具体而合理的安排，明确活动内容的具体实施过程和要求。活动内容与过程的设计必须以学生的学习基础与兴趣为前提，以培育综合素养为宗旨，以活动地的资源为基础，以体验、探究为学习方法，以可操作为原则，为学生的研学提供具体的、可实施的依据。

(六)设计研学手册任务

研学手册任务根据研学项目的具体活动内容而设计，为学生提供活动指导，记录研学活动的结果，引导学生反思、感悟，也将为学生的研学成效评价提供依据。在具体的课程项目内容的编制过程中，要充分体现研究性和体验性的特点，让学生在真实情境中学习，获得切身的学习感悟。

地理研学手册作为“教材”贯穿研学旅行课程的全过程。以“岳麓山地理科考”的地理研学旅行课程为例，将研学手册的结构归纳如下：

(1)封面：包括研学的主题、承办人或承办单位。

(2)研学目的地的概况：总体概括研学目的地的自然、人文方面的知识。与此同时，教师应对本次研学线路、任务、纪律、安全等方面的内容进行强调。

(3)研学任务(活动指导)：一般可以按照研学资源来分类，以岳麓山为例，可以分为三个部分，即植物、土壤、地质地貌。

(4)附录：按照不同的研学课程的需求，补充相关课本知识内容，进行相关信息的拓展，或者留出空白记录页。

(5)学习感想(评价)：研学课程的评价可以通过学生自评、互评等多元化的评价方式进行，综合评定学生的学习成果。

三、研学手册示例

该地理研学点是岳麓山，是国家 5A 级景区，也是城市山岳型风景名胜区。学生在此可以从地质地貌、土壤和植被等角度去考察岳麓山的地理环境，部分地质地貌内容的章节展示见图 2-1。

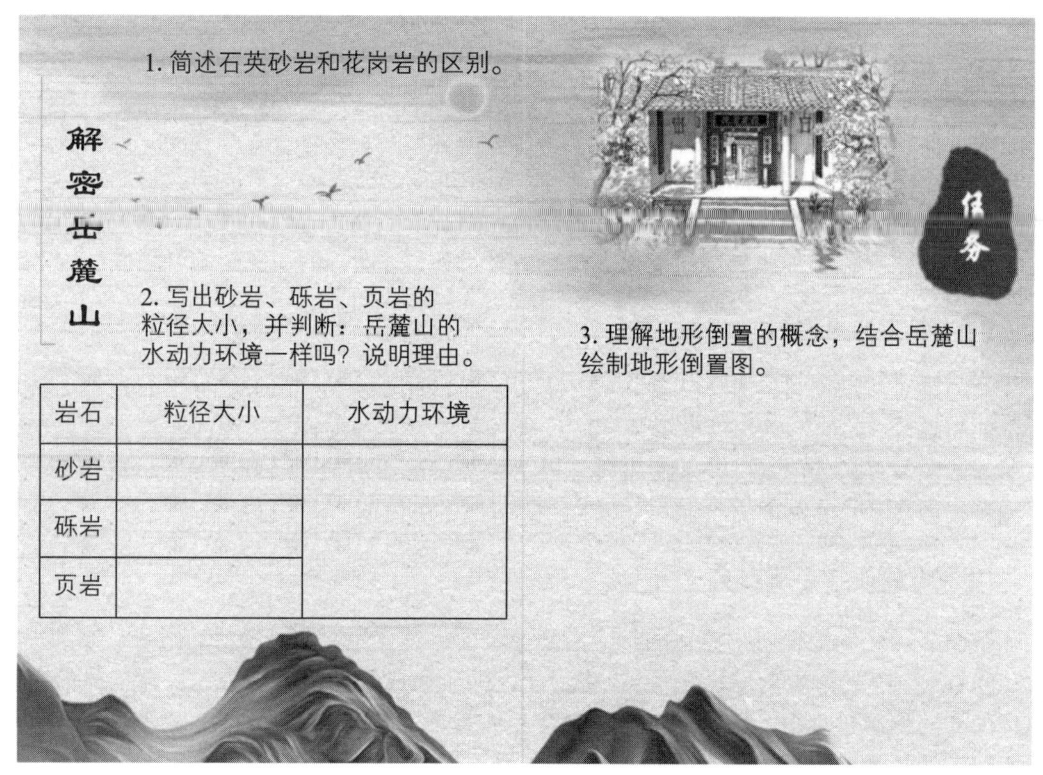

岩石	粒径大小	水动力环境
砂岩		
砾岩		
页岩		

图 2-1 《岳麓山地理科考》地理研学手册(部分)

在设计研学手册时，最重要的就是要与研学任务相匹配，从而指引学生开展任务探究和项目式学习。

为了让学生更好地感知地质学家在野外考察时所使用的工具，以及提升学生的自我实践能力，第一个部分设置了“简述石英砂岩和花岗岩的区别”的问题。学生先通过肉眼去观察石英砂岩和花岗岩的颗粒大小、组成物质等的区别。同时，还在野外设置了一项使用地质锤在野外采集石英砂岩的活动。首先，指导老师将研学队伍分成若干小组，每一小组分配一个小老师，学生领取地质锤、手套、护目镜，在小老师的带领下选取空地进行采集，与此同时要强调安全问题，一定要防止碎屑飞溅到周围的学生身上。采集的石英砂岩不宜过大，直径 1~3 cm 的石英碎块即可。采集结束之后，学生可找本组的带队小老师领取标本袋和便签，保存好标本，记录时间、地点、标本名称等。

沉积物的颗粒大小称为粒度。研究碎屑沉积物和碎屑岩的粒径大小和各种粒度的分布特征的方法称为粒度分析。粒度分布特征可反映沉积介质的流体力学性质和能量，是判别沉积环境及水动力条件的一个重要物理标志。在地理研学的过程中，我们可以看到岳麓山上的砂岩、砾岩以及页岩，三种岩石的粒径大小不一。颗粒物质粒径越大，说明经历过水动力环境较强的地质条件，因为只有水动力环境较强，才能搬运粒径较大、颗粒较重的物质。而当河流流速较慢或者处于河流下游时，又或是湖泊、沼泽环境时，就会沉积一些粒径较小的物质，此时就会形成一些泥岩、页岩或者颗粒更小的沉积物。因此，学生通过在地理研学过程中看到砂岩、砾岩、泥岩和页岩的互层产出的形式，运用放大镜观察岩石的颗粒大小加之研学老师的讲解，生动直观地理解了岳麓山的形成并非处于一成不变的环境，从而得出岳麓山的形成经过漫长的地质演化过程、水动力环境经历了多次变化的结论。

在清风峡—爱晚亭附近，有一处明显的地形倒置的现象，也称逆地形，即“背斜成谷”。地理教师可以选择在讲授该部分教材内容之前带学生进行实地研学，也可以选择在讲授地形倒置知识内容之后进行巩固。学生通过实地观察，以野外地质物质为对象，进行地质地貌景观速写，描绘地质客观实体的空间形态及相互关系。

植物地理也是地理中尤为重要的部分。为了让学生更加深入地了解岳麓山的典型植被的知识，以《岳麓山地理科考》为例，结合岳麓山当地较具特色的植物来设计活动任务，见图 2-2。

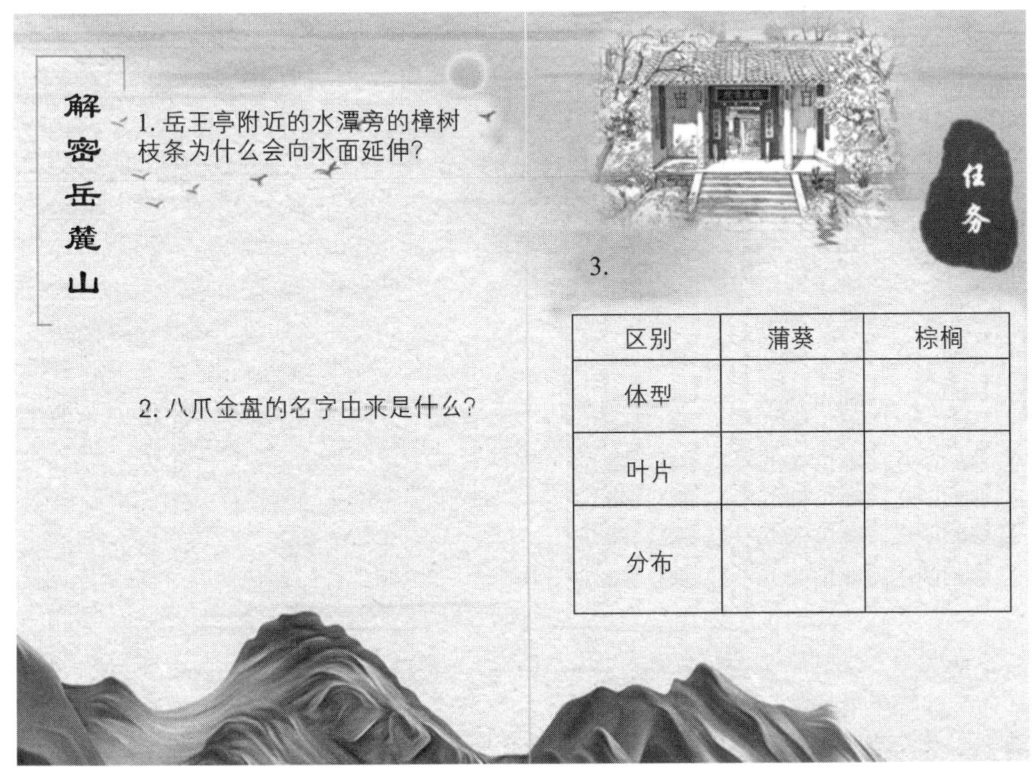

图 2-2　《岳麓山地理科考》地理研学手册(部分)

第一部分，通过观察实际生活的现象，让学生综合分析地理事物的成因。在岳王亭附近，教师可以指导学生观察湖边的一棵枝条延伸到水中央的树，该树即生活中常见的行道树——樟树，又称香樟树。它的枝条向水面延伸了。可以顺势提问它为什么会长弯。其受多种因素综合作用，最主要的因素有两个，首先，它本身生长在微微倾斜的坡地上；其次，水中央的地方其他树木比较少，对阳光的遮盖也很少，而樟树的生长习性就是喜光，因此，往那里生长可以获得更加充足的阳光。而且，水面上方也会有非常多的水汽蒸发，它的水分条件也更好了。

在岳麓山地理研学旅行过程中还会看到一种特别形状的植物，其叶的分支很像手指，交会在形似手掌的叶心处。根据它的形态，将之命名为八爪金盘，教师可以让学生数一数它的叶子有多少个爪子。一般情况下，八爪金盘的叶片数量在六片至十片。八爪金盘是一种喜阴的植物，叶子宽大油亮，一般会成群分布，因有时叶子边缘呈金黄色而得名。在生活条件更加阴凉适合生长的地方，它的叶片数会更多，植株数量也会更多。在冬天，开花的植物比较少，有我们熟悉的蜡梅、茶梅等。八爪金盘也是冬天开花，可是它的花太朴素了，以至于很少有人会觉得这是一种花。教师还可以指导学生注意绿油油的叶子中间的那个白白的小球，这就是八爪金盘的花。每年的十月到十一月就是八爪金盘开花的月份。老师可以通过讲解八爪金盘的相关内容，让学生通过小组讨论的方式总结其名字的由来。

作为研究植物分布规律的植物地理部分的内容，在岳麓山地理研学旅行路途中可以看到有两种植物的叶子十分相似，但是高度和典型分布区域却有很大区别，因此，在研学过程中，教师可以引导学生观察并讲解，最后总结两种植物的区别。

土壤地理是自然地理尤为重要的部分。土壤部分研学手册的设计见图 2-3。在忠烈祠附近，有许多棵罗汉松。因为它的种子很像和尚的光头，种子下方肥大鲜红的种托又很像罗汉身上的袈裟，所以被叫作罗汉松。教师引导学生去观察该植物附近的土壤颜色，发现是红色的。这与地理教学过程中的内容相对应，可以让学生自行回忆或者小组讨论，为什么会形成红壤。由于长沙市降水丰沛，土壤淋溶作用强，使得土壤内的铁、铝氧化物较为丰富，故土壤颜色呈红色。而罗汉松与马尾松的生长习性很相似，在岳麓山上也有一些马尾松，虽然由于它们的生长空间被其他树种争夺，分布没有那么明显了，但马尾松的生长与红壤有很深的联系。可以让学生养成举一反三的思维习惯。科普马尾松是一种阳性树种，它喜光、喜温，还不耐盐碱。让学生猜一下马尾松下面土壤的酸碱性，继而总结出红壤是发育于热带和亚热带雨林、季雨林或常绿阔叶林植被下的土壤，因富含铁、铝氧化物而呈红色，并且是一种酸性土壤，土性较黏。因而在该部分可以设置探究为什么红壤适合马尾松或罗汉松的生长的任务。

从岳麓山脚走到山顶，教师让学生留意山顶的土壤颜色，即黄色。在地理中，大部分土壤是根据颜色来命名的。而关于黄壤呈黄色的原因，教师可以结合实际情况进行讲解，让学生更加直观地理解黄壤呈黄色是因为它含有大量的三价铁离子，而三价铁离子呈黄色，同时补充黄壤是典型的缺磷土壤之一。对于分布于高原丘陵地区的黄壤，在丘陵中、上部可以种植南方的多种果树。在种植果树的土壤中应多施有机肥料和绿肥，并适量施用石灰和磷肥。讲解了黄壤之后，可以让学生们对比红壤和黄壤的异同。

以《岳麓山地理科考》土壤部分的章节展示为例，教师可以将实际研学内容与课本内

解密岳麓山

1. 为什么红壤适合罗汉松的生长?

2. 对比红壤、黄壤的异同。

项目	红壤	黄壤
相同点		
不同点		

任务

3. 简述土壤的成土过程。

图 2-3　《岳麓山地理科考》地理研学手册(部分)

容相结合，让学生加深理解地理知识，设计一项学生讨论的环节，让学生展示自己对成土过程的理解，这也是学生对土壤部分的研学课程评价的一种方式。

除了完成既定的研学手册的任务外，教师设计手册时还可以设置附录，用于补充地理知识，如图 2-4 所示。除此之外，还可以设计学习过程的记录板块或者研学感想板块，记录的内容可以是知识层面的学习笔记，也可以是研学过程中的心得体会、收获感悟等。附录是为了便于学生理解，研学手册在附录中可以提供一些基本的学习资料或资源。学习资料可以包括研学目的地的历史文化、自然环境、与地理教材或已学知识的联系。而记录则是为了给学生的研学旅程留下痕迹与标记，同时也可以作为学生自评的参考。形式方面，教师可以以日记的方式让学生自由记录，也可以设置一些具体问题，引导学生记录。这是评价学生对地理研学内容知识掌握程度的一种较好的方式。

第四节　地理研学实践工具准备

由于地理研学旅行课程是“行走中的课程”，在野外的实践过程中有不确定的因素，因此需要一定的专业工具和设备，才能确保地理研学旅行课程和相关的活动任务顺利开展。

以中小学为例，学校一般根据国家中小学教学装备配置标准，配置丰富的地理野外考

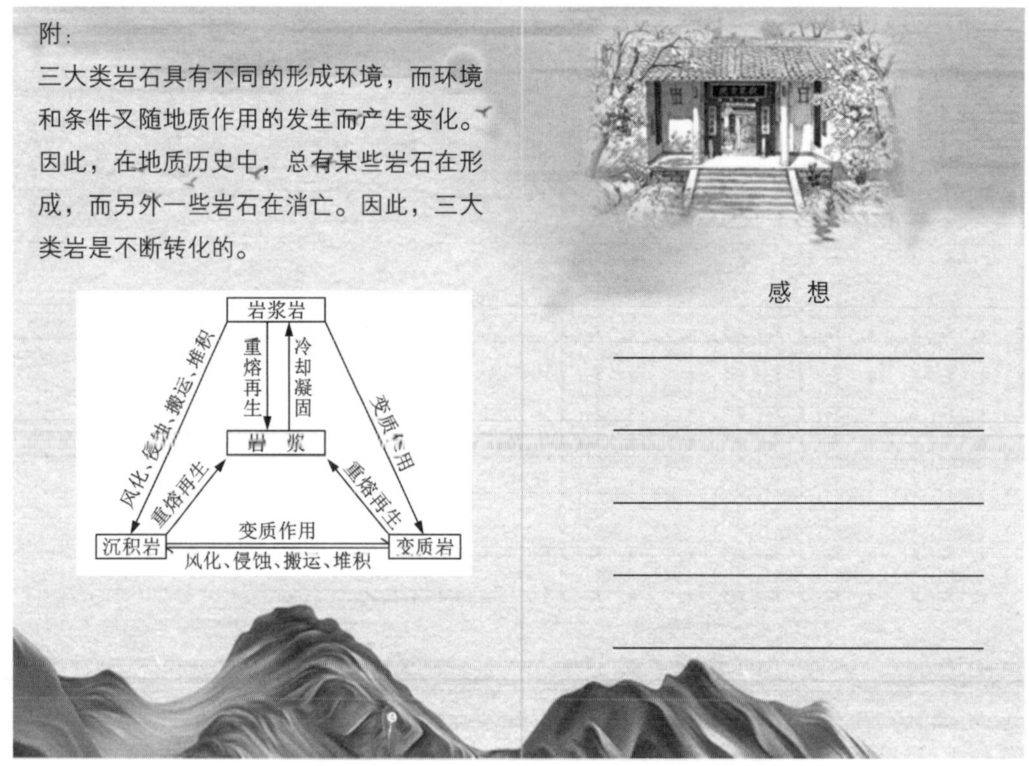

图 2-4 《岳麓山地理科考》地理研学手册(部分)

察专业工具，如地质罗盘、地质锤、激光测距仪、温度计、雨量器、风速风向仪、流量流速检测仪等。教育部颁布的《初中地理教学装备配置标准》将教学装备配备要求分为“必配”和“选配”。“必配”栏目是所有学校必须达到的配备要求，“选配”是指有条件的学校根据教学需要、学情等具体校情，在达到“必配”要求的基础上，可以自主选择配备的教学器材和设备。不同学校根据校情选配的教学装备差异比较大。

地理研学实践工具也分为两个大类，一类是常用的工具和物品，另一类是根据不同的地理研学旅行课程主题而携带的工具，是针对特定的活动/任务而准备的。

常用工具的准备包括教师和学生两个方面。教师不仅要做好地理研学过程的讲解员、组织者，同时也要做好后勤服务工作。所以，对于教师而言，要准备好便携扩音器，地图(包括地形图、等高线地图等)，GPS；对于学生而言，需要确保每个人拥有一个双肩背包，包内备有放大镜、相机或手机、太阳帽、雨伞、防晒霜、饮用水、常用药等物品。

针对不同的课程类型又需要准备不同的工具，部分内容见表 2-1。一般的地理研学工具包括：地质罗盘、地质锤、护目镜、手套、激光测距仪、红液温度计、植物标本保存夹、采水器、水速检测仪、pH 计等。各类工具的具体使用方法见第五章。

表 2-1　地理研学旅行课程不同活动主题所需准备的工具(部分)

器材名称	活动主题
激光测距仪、红液温度计、地质罗盘、钢卷尺等	某地地理野外综合考察
绘制地图的器材	调查并绘制家乡工业(农业或交通)分布图
制作地理模型的器材、制作地理小报的工具	考察家乡的人文景观
放大镜、岩石矿物标本	考察当地某山地的岩石种类
植物标本保存夹	考察当地某植物特征
采水器、水速检测仪、手持全球定位系统接收机等	调查家乡某河流的水文特征
等高线绘制探究活动套装、水准仪、标尺等	实地考察绘制某地等高线地形图
定向越野专业器材	定向越野

第三章

地理研学旅行课程实施

第一节　地理研学旅行学校工作规程

段玉山等人在2019年就提出研学旅行课程的总目标是亲近和探究自然，接触和融入社会，关注和反省自我，体验和感受集体生活，使中小学生养成价值认同、实践内化、身心健康、责任担当等意识和能力。为全面贯彻落实中共中央国务院《关于深化教育改革全面推进素质教育的决定》，学校应以教育部等下发的《关于推进中小学生研学旅行的意见》（以下简称《意见》）为指导原则，做到“活动有方案，行前有备案，应急有预案”，有计划地组织安排研究性学习和旅行体验相结合的校外教育活动。

一、制订活动方案

活动方案是指为某次活动制订的书面计划，包括具体实施步骤、办法等。活动方案应对各个环节和具体流程进行规定，以保证活动顺利进行。根据活动对象和活动内容的不同，确定活动方案的详细程度和具体内容要求。基本的地理活动方案通常包括时间、地点、目的、活动内容、活动形式、参加人数、活动组织、活动评价等。

1. 活动方案的基本要素

地理研学旅行的参与主体为未成年人，需要完善安全保护工作和学生活动工作方案。地理研学活动方案一般包括：①活动主题；②活动对象；③活动的目的及意义；④活动的时间、地点；⑤活动形式；⑥活动内容概述；⑦行程安排（行程、餐饮、交通）；⑧组织机构和职责分工；⑨安全教育措施；⑩安全负责人姓名及联系方式。

2. 地理研学旅行活动参考方案

地理研学旅行活动方案要保证基本要素齐全，还应根据出行距离、天数、人数以及不同的活动规模，分别对每一方面做好安排，如表3-1所示。

【案例】

表 3-1 地理研学旅行活动方案

××学校地理研学旅行活动方案	
一、活动目的	结合地理研学主题进行阐述
二、活动对象	××年级××班共××人
三、活动时间	××年××月××日——××年××月××日
四、活动形式	1. 教师带领下的校外综合地理考察活动 2. 学生集体出行、统一食宿，以合作探究、项目学习等方式开展活动 3. 团队分享，主题学习，专题研究
五、活动内容	根据地理研学的具体内容进行阐述，如地质地貌考察活动、植物地理学考察活动、水文考察活动、城镇村落布局探究活动、博物馆观摩活动等
六、行程安排	1. 餐饮安排 2. 住宿安排 3. 交通出行安排 4. 学习安排
七、安全教育	1. 校内出发前进行安全培训 2. 研学途中强调安全事项
八、职责分工	1. 领导机构 组长： 副组长： 2. 具体职责 行程负责人： 食宿负责人： 医疗负责人： 班级负责人：
九、特殊事宜	根据活动实施情况灵活调节，准备预案

二、向教育行政部门报批备案

学校根据教育行政部门颁发的《学生集体外出活动备案管理办法》来进行集体外出工作安排，地理研学活动一般由教育行政部门审批，学校应提前 10~15 天向教育局备案，按照标准格式填写备案表。

三、制订应急预案

应急预案指面对突发事件如自然灾害、重大事故的应急管理。地理研学中的应急预案主要是针对特殊天气、特殊地形、食品安全、交通安全等方面的情况预先拟订应对方案，目的是强化活动的安全性，增强学生与老师的安全意识，有效应对突发状况，确保学生的人身安全与活动的顺利进行。

四、研学旅行各项准备工作

组织一次地理研学旅行需要精心策划，从课程设计策划、实地考察踩点、活动方案制订，再到研学活动成形，各种安全预案的制订、报批，组织学生报名，与家长的沟通等一系列烦琐的工作都需要准备。研学旅行活动的准备工作，一般包括组织工作准备、活动安全准备、生活保障准备、活动物资准备等。

1. 组织工作准备

学校联合地理组召开地理研学专题会议，审核活动方案。根据活动的内容与活动人数，建立学生地理研学小组，安排适当的教师配比，保证一个地理研学小组至少配备一位地理教师。

2. 活动安全准备

除制订安全活动方案外，还需在活动前对全体师生进行有针对性的安全教育。由于地理学科的特殊性，研学路线需派地理学科教师做好踩点工作，对研学过程中的地形地貌、天气状况、就餐地点、集合地点及附近医疗机构位置等做到心中有数。踩点人员必须全程参加活动。

3. 生活保障准备

对用餐进行合理安排，选择有资质的餐厅。同时因地理考察的特殊性，当外出距离与时间过长，学生无法按时吃到午餐时，应提前联系餐厅备好学生午餐，方便学生带走，保证学生中午能够及时用餐。住宿也应选择有资质的宾馆，同时避开过于偏僻的地方。

4. 活动物资保障

地理学科的活动涉及很多专业工具，如指南针、地质罗盘、地质锤、风速风向仪、水质检测仪等。学校相关老师需根据活动内容与参与人数确定活动物资的种类与数量，并安排专人进行仪器的保管。

五、购买保险

外出研学存在不可控因素，地理研学更是如此。《意见》规定了要为学生购买保险，学校负责为确认出行师生购买意外险，必须投保校方责任险；保险监督管理机构要负责指导保险行业提供并优化校方责任险、旅行社责任险等相关产品。

第二节　安全保障

一、建立研学旅行安全责任共担机制

《意见》明确指出，要“建立安全责任体系”，各地要制订科学有效的研学旅行安全保障方案，探索建立行之有效的安全责任落实、事故处理、责任界定及纠纷处理机制，实施分级备案制度，做到层层落实，责任到人。

教育行政部门负责督促学校落实安全责任，审核学校报送的活动方案（含保单信息）和应急预案；学校要做好行前安全教育工作，负责为确认出行师生购买意外险，必须投保校方责任险，与家长签订安全责任书，与委托开展研学旅行的企业或机构签订安全责任书，明确各方安全责任；旅游部门负责审核开展研学旅行的企业或机构的准入条件和服务标准；交通部门负责督促有关运输企业检查学生出行的车、船等交通工具；公安、食品药品监管等部门负责加强对研学旅行涉及的住宿、餐饮等公共经营场所的安全监督，依法查处运送学生车辆的交通违法行为；保险监督管理机构负责指导保险行业提供并优化校方责任险、旅行社责任险等相关产品。因此，学校在落实各项安全和保障措施时，应考察交通、旅游、食品、保险等部门的资质，必要时要与相关行业管理部门联系。

二、建立研学旅行家校合作机制

《意见》提出，要规范研学旅行组织管理。学校组织开展研学旅行，要提前拟订活动计划并按管理权限报教育行政部门备案，通过家长委员会、致家长的一封信或召开家长会等形式告知家长活动意义、时间安排、出行线路、费用收支、注意事项等信息，加强学生和教师的研学旅行事前培训和事后考核。学校自行开展研学旅行，要根据需要配备一定比例的学校领导、教师和安全员，也可邀请少数家长作为志愿者，负责学生活动的管理和安全保障，与家长签订协议书，明确学校、家长、学生的责任与权利。

【案例】

告家长书

××家长：

您好！为了让学生充分利用课余时间培养对地理的学习兴趣，培养学生的地理实践能力，学校成立地理兴趣小组开展地理实践活动，现就安全事宜做如下告知，如果您的孩子愿意参加此次活动，请您仔细阅读协议书并签字。

一、家长注意事项

1. 家长保证将学生准时送到学校，统一行动。

2. 家长应与带队教师及时沟通，确保活动顺利展开。

二、学生注意事项

1. 必须准时到达指定地点参加活动。

2. 参加地理实践活动期间要遵守纪律及相关规定，不得擅自离队，如有特殊情况，需要征得教师同意方能离开，并结伴而行。

3. 活动期间不许打闹嬉戏，远离危险地点。

4. 学生可以携带手机等电子产品用于记录，但需看管好所带物品。

如果家长同意孩子参加这次地理实践活动，请在下方签字并交予教师。本协议一式两份，家长和教师各留一份，自签字起生效。

学生签字：

家长签字：

××年××月××日

三、建立学校安全保障机制

学校成立地理研学旅行工作小组，负责地理教学工作的副校长担任研学旅行工作领导小组组长，地理教研组组长、地理备课组组长担任副组长，地理教师明确自身课程实施与学生管理方面的职责。

在研学活动前，召开工作领导小组会议，强调各方面的工作安排，确定地理研学旅行安全责任书、告家长书、地理研学手册等各个文件的内容；召集参加活动学生的家长举行会议，说明本次地理研学旅行的内容与目的、活动时间及地点，说明活动安排，了解家长意见，对参与研学旅行的费用进行说明，确认每日学习任务；对地理教师进行研学内容的指导与管理培训，每位老师明确分工，把握行程，确保安全；在出发前，召开学生动员会，简要介绍活动的内容与要求，掌握地理研学旅行工具的操作与使用，强调安全注意事项，动员学生遵守纪律，听从安排，认真学习；地理研学旅行结束后召开教师总结研讨会，从路线设置、内容安排等方面进行总结，并整理成书面材料。

第三节　行程计划与安排

一、确定研学旅行的目的地

在地理研学旅行中，目的地是最重要的课程资源。目的地决定着学习内容与学习方式。《意见》指出，各中小学要将研学旅行作为理想信念教育、爱国主义教育、革命传统教育、国情教育的重要载体，突出祖国大好风光、民族悠久历史、优良革命传统和现代化建设成就，地理研学活动很好地贯彻了这一要求。在选择地理研学旅行目的地时，要坚持安全性、教育性、便捷性等原则。例如湖南师范大学开展了岳麓山地质研学课程，以背靠的岳麓山为研究对象，交通便捷，便于管理，同时在研学过程中以岳麓山的自然环境为基础，分析岳麓山土壤、植被的特点与分布，熟悉岳麓山的地质地貌，理解与掌握相关地理规律。还可以认识岳麓山的自然资源与当地旅游业之间的关系，归纳旅游资源开发的原则，达到学以致用的目的。

在研学开始前，学校地理教师必须提前做好踩点工作，对活动地点的地形地貌、天气状况、就餐地点等了然于心，并详细填写踩点考察记录表。同时根据踩点考察进行线路优化，节约时间与精力。踩点后，根据目的地设置学习安排，编写本次地理研学旅行活动的课程指导手册。

二、确定交通工具

交通工具是地理研学旅行的前提与重要手段，在选择交通工具时要考虑安全性、合理性、舒适性等。

没有绝对安全的交通工具，任何交通工具都存在一定的风险。学校在选择交通工具时要遵循安全性原则，与正规的公司签订租赁协议。在乘坐交通工具时，提醒学生系好安全带。

要根据研学地点的远近和特点，合理选择交通工具。例如，在省内研学一般选择大巴，跨省研学选择火车或飞机。在洞庭湖进行水文研学时，船舶为最适宜的交通工具；在庐山进行地质地貌研学时，景区观光车可以前往不同景区地点，灵活性强，最为适宜。

三、确定时间表和行程

确定合理的出发与离开时间，避开小型节假日，错峰出行。地理研学旅行时间与行程安排要张弛有度，不能安排得过于紧张，导致学生缺乏足够的时间深入调查。地理研学旅行一般耗时长，消耗精力快，需要安排足够的时间休息。除开统一的研究学习活动外，还要给学生留有一定的自由活动时间。

研学旅行出发前要根据活动地点的天气、地理条件等多种情况进行预设，安排相应的调整方案。有时鉴于天气与路况，行程不得不临时调整，可将研学旅行目的地由室外调整为室内。

四、确定食宿安排

地理研学旅行大部分都是入住宾馆酒店，少数情况下需要搭建帐篷。住宿要选择有资质的宾馆，如人数较多，需要提前预订，并将房间安排紧凑，便于学生的组织与管理。一般早上、晚上在酒店用餐，中午带餐或在研学途中找餐厅用餐。

第四节　师资安排

一、师资构成要多样

为了保证地理研学旅行顺利开展，需要配备生活保障老师与活动开展老师。生活保障老师负责学生的日常作息及食宿管理，活动开展老师负责学生专业活动的知识讲解、活动安排、课题指导等工作。除此之外，由于地理学科具有综合性，与物理学、化学、生物学、历史学等学科都有相关性，在师资配备上也需要根据研学旅行主题适当配备一些其他相关学科的教师。

【案例】

乌兰察布市曙光中学霸王河水文考察活动

一、活动主题与课题

(一)活动主题：霸王河水文考察活动

(二)活动课题：

课题一：探究霸王河的水文特征

课题二：实地勘察霸王河

课题三：河流的污染状况

课题四：霸王河为应对污染所做的措施

课题五：模拟开展“我是环保小宣传员”活动

二、活动目标

(一)活动总目标：提高学生实地考察和动手实验的能力

(二)子目标

子目标1：通过阅读政府网站、地方志等文献资料及实地考察，多渠道收集有价值的信息，了解霸王河的水文特征，培养学生整理地理信息的能力；

子目标2：对河流区域选取的两个采样点进行实地考察并采取水样，了解河流污染状况，培养学生实地考察的能力；

子目标3：在化学教师的辅助下，测量采取水样的pH，培养学生动手操作的能力；

子目标4：对环保局等部门进行走访，了解霸王河的主要污染源及治理措施，如水库的作用，培养学生调查、整理信息的能力；

子目标5：小组合作设计宣传方案，提高学生保护水资源的意识；

子目标6：通过地理实践活动，培养学生信息判断的能力、完成活动的坚韧性、参与活动态度、积极性等意志品质。

三、活动计划

(一)活动时间：每学年的上半学期，持续时间为三到四小时(原则上须要求学习完“河流”知识内容才可开展)

(二)活动地点：出发地为曙光中学，目的地为霸王河生态公园

四、参与人员

(一)指导教师

导师一：所在学校的地理教师

导师二：化学实验教师

(二)地理学习兴趣小组

五、活动准备

(一)教师准备

1. 地理知识准备

(1)霸王河简介：霸王河，又名纳尔松郭勒河，发源于阴山南麓卓资县，注入察哈尔右翼前旗，内蒙古八大淡水湖——黄旗海，长度为九十五公里，是乌兰察布市中心城区的主要水源地，唯一的补水水源，是乌兰察布市的“母亲河”。

(2)河流水文特征：包括水量、水位、流速、含沙量、结冰期、汛期和枯水期等。

(3)pH：溶液中氢离子的总数和总物质的量之比。

2. 地理实践方法的准备

(1)器材准备：学习任务单、矿泉水瓶8个、pH试纸、玻璃棒、玻璃片。

(2)将参加活动的同学以4~5人为单位分成若干小组，并选一名同学作为组长，选一名学生携带本小组的资料，分组要注意男女搭配。组长负责分配任务、组织和维持秩序、提醒大家注意安全。

(二)学生准备

1. 认真学习河流的相关知识，了解活动的基本过程，明确实践活动中的任务和要求；

2. 学会采集水样，学会使用pH试纸检验；

3. 遵循教师的分组，并配合教师和组长落实活动任务。

(三)注意事项

1. 由于实践考察点在河边，不得嬉戏打闹，不得下河游泳；

2. 开展活动前设计完整的活动方案，并事先征求学校和家长的意见；

3. 采集水样选择河水较浅且平坦的河岸，以防落水；

4. 使用化学仪器时，因其具有腐蚀性，未经允许，不可随意拿取；
5. 如有特殊情况，必须向教师请假，然后结伴出行；
6. 活动完成后，到家时告知教师“已安全到家”。

在上述地理研学旅行案例中，除了配备了地理教师外，也根据研学旅行的主题——水质与污染，配备了相应的化学教师，能够保证研学旅行中知识的专业性与科学性，让研学旅行达到更好的效果。

二、研学旅行活动中的师资安排

地理研学旅行是一种教育行为，目前，通常的地理研学师资安排包括校内老师、研学服务机构领队、专业指导老师（通常是专业科研机构或大学的专业老师，或者保护区等机构的专业工作者），有些活动也会有家长作为志愿者参与。

1. 科研机构专家

高校、科研机构的科研人员、馆内讲解员等专业理论背景很强，能够在地理研学中给予学生专业的指导。例如在开展岳麓山地质研学中，湖南师范大学地理科学学院就可以为地理研学的开展提供专业的人员。但也需要注意，对课题的难度、深度把握要合适，课程形式也要符合中学生的认知水平与特点。

2. 学校学科教师

学校的学科老师了解学生的知识水平，并在自己的专业上有着较多的积累。地理研学的主要指导教师为地理教师，除此之外，由于地理学科具有综合性，与物理学、化学、生物学、历史学等学科都有相关性，在师资配备上也需要根据研学旅行主题适当配备一些其他相关学科的教师。

3. 家长志愿者

在研学活动中，无论是前期的活动内容设定，还是过程中的专业资源支持等，家长都能发挥巨大的作用。无论是研学主题的选定、基础素材的整合设计、行程的合理性设计，还是专业资源的寻找，很多家长都能提供非常强有力的支持。家长们来自各行各业，其中不乏科研专家、户外达人，可以发挥家长在地理研学课题方向上的特长，如植物、地质等专项内容，随队进行专业指导。家长照看性随队也可以让家长参与到学生管理中，来帮助解决学生可能出现的突发状况。

第四章

地理研学旅行课程评价

研学的目的在于促使学生将所学的理论知识与实际现象相结合，增强学生对知识的应用能力。研学是一种由老师引导的学生主动探讨、归纳学习的过程，而不是流于形式的春游、秋游。开展研学课程不仅要做好前期路线的规划设计，还要关注学生在研学过程中提出的问题与行为的规范性，并在研学后针对课程评价，有目的地对研学计划进行修改。课程评价的角度不仅应包括课程标准、乡土地理的联系度，还应包括对学生个性发展的促进程度；就评价方式而言，评价体系不应只有对学生研学成果的评价，还应将研学导师、学校、研学基地、研学服务机构等组织者、实施者、参与者等多主体的考核项目纳入其中，从目标评价、过程评价、结果评价多角度切入来监督、保障研学旅行课程的效果，促进研学课程的良性发展；就评价手段而言，除了采用问卷调查的形式，还可以通过成果展示与交流、研学手册完成度以及专业知识落实程度和专业发展欲望来进行评价。

第一节　研学旅行课程评价考核

一、研学旅行课程评价考核的意义

研学旅行作为一种综合性教育课程，是对课堂教育的补充，是校外教育的主要形式之一。但是现阶段很多研学旅行存在“只游不研”“研而不深”的情况，因此，为提高和保障研学旅行的服务质量，建立研学旅行课程评价考核体系就显得十分重要。

(一)为中学教学提供实践依据

研学旅行是对课堂教育的补充，但它本质上是一种课程，课程的设计就要围绕课程标准来进行，对研学旅行课程进行评价可以使其更加符合中学教学的需要。理论知识的发展与完善需要实践来印证，在对研学课程进行设计时要有意识地联系学生已有的知识基础，构建符合学生最近发展区的课程，将研学过程及成果进行记录，为教师完善中学课程的设计提供实践依据，从而在一定程度上避免“只游不研”“研而不深”的情况。

（二）促进自身研学旅行课程的完善

研学旅行的主体是学生，学生在旅行中的感悟和体验是完善研学旅行课程的重要指标，评价考核的根本目的是使课程更加符合学生的学习需求。因此，在课程结束后，要多方面征集学生的意见，对收集的结果进行分析，从而不断完善课程体系。人们常说，生活是课堂，社会即课堂，但不是课程，我们的课堂在路上，但不一定都有课程，没有课程的“行万里路”不能算是学习，没有反馈的学习不能算是深入研学，所以要构建研学旅行评价考核体系，从而使学生寓学习于游学。

二、研学旅行课程评价的角度

（一）与课程标准的联系度

《基础教育课程改革纲要》指出，“新课程培养应体现时代发展需求，使学生具有初步的创新精神、实践能力、科学及环保意识”，明确主张学生关注人与自然的问题。因此，研学课程的设计要在高中地理新课标的基础上，使学生在掌握一定理论知识的前提下，走出教室，走出校园，到大自然中去，将所学知识与实际生活挂钩，培养可持续发展观念。研学旅行课程不仅要有“旅”，更要有“研”，在进行课程设计与资源整合时就要求课程设计者熟悉高中地理教学内容，并明确新课标的着重点，与本地的研学资源进行结合，有针对性地引导学生进行研学，从而提升学生的知识获得感与成就感。

（二）与乡土地理的联系度

知识来源于生活而又高于生活，研学旅行的目的是为了弥补课堂教育的不足，由于研学课程设计存在特殊性、具体性，以及不同地域、不同环境条件下的自然人文资源存在差异性，研学课程应与乡土地理有着紧密联系。首先要让学生对自己生活的环境产生了解，进而由乡情逐渐演变成对祖国山河的热爱之情，从而树立正确的人地观念。因而要参考地域的基本情况，从研学旅行课程的资料和教材入手，充分挖掘当地的研学旅行素材及资源，构建乡土地理研学课程资源库，从而加强研学课程与乡土地理的联系度。

（三）对学生个性发展的促进程度

研学课程的出发点是促进学生主体的个性发展，而从目前新课改的发展趋势来看，新的教育观越来越倡导以学生为主体的个性发展，研学课程的开发与实施更是受到前所未有的关注。研学课程要坚持学生本位性，围绕学生来展开，在实施过程中要给予学生一定的体验性和自主性，使学生的个性发展得到时间、空间、场域的保障。在研学课程的实施过程中，导师更多是发挥引导作用，学生对于未知的环境与地理知识感到新奇与兴奋，会促使他们在遇到许多突发性、现实性、知识性问题时，自己通过讨论、总结以及导师的指点找到正确答案。在这个过程中，由于多元信息的侵入和刺激，学生主体个性得到快速发展，与人交往、沟通的能力得到提升，思维能力、想象力也得到促进，好的研学课程还要能使学生在研学过程中不断弥补性格、认知、情感等诸多方面的不足。因而能否较好地促进学生个性发展，寻求本体在社会融入过程中的不断突破，是当下研学课程评价内涵的标准之一，也是素质教育贯彻实施的指向之一。

三、研学旅行课程评价体系

(一)对研学学生的评价

学生是研学旅行的主体，也是研学课程的直接参与者和感受者。因而对学生的评价是研学旅行评价体系的重要组成部分，对学生的评价也能反映出研学课程的效度，为后续课程的改进和优化提供方向。对学生的评价不仅包括理论层面(如学生的专业知识落实程度)，还应包括实践层面(如实践能力是否得到提升)，更应包括情感层面(如社会责任感、专业发展欲望、持续探索欲望等是否得到提升)。

(二)对研学导师的评价

研学导师是研学旅行的直接组织者和研学活动的实施者。对研学导师的评价主要是对其课程教案即具体研学课程方案的制订和学生教育目标的达成情况进行评价，也包括对其教育能力、组织能力、语言表达能力、管理能力等方面的评价。

(三)对研学基地的评价

研学基地是开展研学旅行活动的场所，也是学生接受教育、增长见识的地方，研学课程中的绝大多数研学项目都是在研学基地开展的，研学基地需要具备相应的资源、活动场所、活动指导人员等设施设备，相当于课堂教学中的教室。对研学基地的评价主要是评价其开展研学旅行具备的条件和组织实施能力，如是否具备相关研学资源，是否具备相应的接待能力，是否有相关的研学组织人员，是否有安全预案、组织实施环节，是否规范、有序，能否满足学校研学要求等。

(四)对研学学校的评价

学校是研学旅行课程的设计者和发起者，对学校的评价主要是对其研学旅行课程体系设计的优劣性和可行性及研学旅行组织的规范性进行评价。如研学旅行课程目标、研学内容是否符合不同学段学生实际，是否有完整的研学实施方案及安全预案，研学旅行承办机构的选取、费用定价是否合理合规，人员配备和安全教育是否到位等。

四、研学旅行课程评价的形式和方法

（一）评价形式

1. 目标评价

研学旅行归根结底是对课堂教育的一种补充，它最突出的特点是具有教育性，而这一特点应在研学目标中体现。对研学课程的目标评价包括对学生、导师、学校、研学服务机构的评价。评价学生在研学课程结束后地理野外实践能力有没有提升，对于问题的发现能力以及持续探索的欲望有没有提高；导师是研学课程的设计者，通过学生的研学反馈来修正完善研学目标，以求更加贴合学生实际与学习需要；对学校的评价主要体现在研学目标的设定是否符合教育部的规定以及新课标的要求，整个研学过程是否围绕研学目标开展和实施；对于研学服务机构的评价主要体现在研学过程中机构是否做到了积极引导每一位学生探索发现，勇于尝试以求实现预设的课程目标。

2. 过程性评价

过程性评价的主要功能不是体现在评价结果的某个等级或评语上，更不是要区分与比较学生之间的态度和行为表现。从教学评价标准所依据的参照系来看，过程性评价属于个体内差异评价，即“一种把每个评价对象个体的过去与现在进行比较，或者把个体的有关侧面相互进行比较，从而得到评价结论的教学评价的类型”。评价的功能主要在于及时地反映学生学习中的情况，促使学生对学习的过程积极进行反思和总结，而不是给学生下一个最终的结论。研学旅行是一个实时的、动态的发展活动，而对这一活动的过程性评价则涉及多种不确定性，是极为复杂的评价。主要包括对突发事件的预设、安全的评价，课程自主性和体验性的评价等。在研学旅行的过程中，学生的安全问题是设计研学课程时要考虑的首要问题，要对研学过程中可能出现的突发问题进行预设并提出解决方案，使研学课程具有一定的弹性和灵活性。另外，初中生和高中生的心理发展阶段和安全意识不同，在进行研学设计要加以体现。比如初中生的好奇心更强，讲解主要以拓展知识、开阔眼界为主，初中生的安全意识不强，要特别强调安全纪律问题；而高中生更多的是听取与课标相关的内容，知识的深度要有所加强。所以，研学课程的设计要有一定的自主性和体验性，通过学生对课程动手操作的积极性和参与性来作为研学课程的评价依据之一。

3. 结果性评价

结果性评价是一种最普遍也最直接的评价方式，利用这种方法可以快速、有效地对学生在研学课程的学习成果进行评价，是判断学生“知道什么”的重要手段，根据不同研学课程的时间设计，结果性评价的方式可以采用问卷调查的形式，利用多种类型的题目，如选择题、填空题以及自己的感想等对学生的学习情况进行了解；或者设计口头问题请学生来回答；还可以通过评判研学手册的完成程度来评价研学课程。

4. 表现性评价

表现性评价是20世纪90年代在美国兴起的一种评价方式，是指“教师让学生在真实或模拟的生活环境中，运用先前获得的知识解决某个新问题或创造某种东西，以考查学生知识与技能的掌握程度，以及实践、问题解决、交流合作和批判性思考等多种复杂能力的发展状况”。表现性评价是一种注重过程的评价，通过在真实情景中对学生的实践能力、探究能力、合作与交流能力进行评价。

(二)评价方法

1. 问卷调查

问卷调查是指在研学课程结束后向学生发放纸质问卷，以获得学生对此次研学课程的真实感受。在设计问卷时，要明确调查对象是学生，题目的设计要紧紧围绕研学课程的主题，符合学生身心发展规律，主要从地理核心素养的培养出发，根据不同的研学主题、研学基地来设计题目，通过学生意向研学旅行的开展时间来为之后的研学旅行提供参考，对出发前研学课程了解程度的反馈得出学生对研学旅行的兴趣，对研学旅行课程与课堂内容的联系程度的评价可为之后的课程设计提供借鉴，此外，还要能反映出学生对本次课程的收获与改进意见。题目类型以选择题和填空题为主，并根据研学时间适当设计空白留给学生填写本次研学的感想。问卷不应有提示、暗示，题目数量不宜过多。通过收集问卷并对数据进行分析，从而对本次研学课程进行评价。

2. 成果展示与交流

成果展示与交流是结合研学课程目标与研学过程，由学生以小组的形式分享自己在研学中的见解与收获，并由研学导师根据课程内容向学生提问，根据问题回答的准确度以及学生参与的积极性来评价本次研学课程的方法。成果展示的形式有活动报告、实物标本、活动记录、摄影等，根据研学主体自身的条件和研学时间设定来选择不同的形式进行评价。导师根据学生对感兴趣的研学点所采集的标本以及研学报告来作为再设计研学课程的依据，要采用多种成果展示的形式以求对研学课程进行全面的评价。

3. 研学手册

研学手册的作用相当于室内教学中的导学案，所以研学手册也可以作为评价研学课程的一种方法。研学手册中题目的设计不仅要与本次研学课程有关，而且最好与学生已有知识挂钩，符合课程标准的要求，另外，题目数量不宜过多，要点要明确，要能促进学生的表达能力与地理思维能力的提升。通过学生对研学手册的回答标准度可以反映出导师的讲解是否有条理以及能否吸引学生兴趣，还可以通过评价研学手册题目设计的严谨度和完整度来评价研学课程。

4. 分享学习式互评

分享学习式小组互评是在研学过程中，通过制定各个活动阶段的学习评价指标，在研学导师的引导下，阶段性开展成果分享与展示，先由学生自评，再由小组间互相学习，互相建议，给定互评成绩的一种评价方法。采用这种评价方法，不仅可以提高学生在研学过程中的参与程度，还能使学生在对其他小组的成果进行评价的过程中，积极主动地思考和解决问题。分享学习式互评可以用在对学生研学旅行的过程性评价和结果性评价两个阶段。

第二节　对不同主体的评价考核

一、面向学生的研学旅行评价考核

研学评价要尊重学生的个性特点，强调以鼓励为主的发展性评价。评价重在学生的获得感与体验感，宜采用研学手册、研学报告、游记等多种形式作为对学生进行考核和评价的依据。就学生而言，考核虽然有标准，但是不只看标准。应围绕研学手册的基本内容，关注学生在整个研学活动中的表现，以学生为中心，使学生有体验、有收获，并以此评价学生的地理实践能力与表达交流能力。

（一）学生研学旅行评价体系

地理研学旅行作为一种野外综合实践课程，对学生研学旅行的评价体系包括理论评价和实践评价两部分，理论评价包括对地理学习的兴趣（知识储备、发现问题的能力、探索能力）、专业发展欲望（热爱程度、自身毅力、研学课程的影响）以及学习成果（迁移应用、成果展示与交流）；实践评价包括地理实践能力（素养层面、地理工具应用能力、地理技术运用能力）和团队协作（协作效率、协作成果）。

1. 理论评价

中小学阶段是学生思维成长的关键期，思维方式和行为习惯的形成主要来源于生活，而研学旅行创造了校园以外的学习环境，是培养学生学习兴趣的重要途径。为了充分激发学生的学习兴趣，要了解学生在自然地理和人文地理两个领域有着怎样的认识，通过对研学课程中未知事物有怎样的认知可以判断其知识储备，对未知事物的敏锐度可以判断其发现问题的能力和探索能力，对相关知识的表述是判断其逻辑思维和表达能力的依据。学生来到一个陌生的环境，对学科的专业发展欲望会使他们对感兴趣的事物予以积极的回应，会积极地参与到课程中，而对于问题的最终解决也与自身毅力有关。先由学生结合原有知识储备思考所见现象，再结合导师的有效提问引导学生一步步思考，并最终自己总结出答案，导师还需要对学生探究的结果进行评价，对有失偏颇的结论要积极指导学生进行修改。

研学成果评价的重点在于对学生应用知识的情况和任务成果进行评价。研学课程伴随着旅行这一活动，是“移动的课堂”，这为表现性评价创造了机会。迁移应用评价在于考查学生能否从以往的经历中获取解决目前问题的能力。首先要观察学生是否把握了问题的本质，其次观察学生是否提出了解决问题的有效对策，最后是对问题解答的效果进行评价，从而评价其迁移应用能力。成果展示与交流可以采用个体成果的展示，主要包括研学手册的完成度以及对导师提出问题的回答，还可以采用小组成果展示，即对各组研学成果进行评价。除此之外，学生还可以通过多种形式展示本次研学课程的收获。考核分数是研学成果的直观表现形式，主要是在研学过程中对学生随机提问进行考核以及在整个课程结束后进行考核得到的分数。

2. 实践评价

一方面，研学课程的实践评价与研学课程本身安排的实践活动有关；另一方面，学生在实践中的表现评价也有助于形成学生的个性化培养方案。实践评价主要对学生在活动中表现出的地理实践能力以及体现的团队协作能力进行评价。其中，地理实践能力通过地理工具应用能力、地理技术应用能力和素养三个方面进行评价，地理技术应用能力主要考查学生使用 GIS、RS 以及分析判读的能力；地理工具应用能力主要考查学生对地图、罗盘、地质锤等的使用，以及对地形图、等高线图的判读能力等；素养层面是地理实践能力培养的终极目标，也是地理实践能力的最终体现，主要是考查学生在人性、情感、道德以及地理智能方面的能力。

研学旅行活动为学生进行团队协作创造了可能，主要包括对学生的协作效率、协作成果以及任务完成度进行评价。协作效率主要考查学生对研学任务的把握程度、能否围绕团队目标共同出谋划策以及是否努力完成了团队分配的各项任务；协作成果主要考查学生对于研学成果的贡献程度以及是否积极参与各项团队活动、主动承担团队责任。

研学课程的学生评价并非是为了分出优劣胜负，而是对学生的综合素质进行相对全面的评价，为学生后续的个性化培养提供一定的依据支撑，课程的考核在一定程度上也能督促学生投入学习和实践活动(见表 4-1)。

(二)学生研学旅行评价内容

对学生研学旅行的评价应是多角度、多方面、全过程的，不同研学主题下对学生评价的维度也应有所侧重，一般从道德品质、学习能力、实践能力和沟通能力等维度来对学生进行评价。

1. 道德品质

道德品质是衡量人行为是否正当的观念标准，在研学课程中主要评价学生在活动中的思想品德表现，可以从以下几方面来进行评价。

(1)仁爱互助

关心人、爱护人、帮助人，喜人之所喜，忧人之所忧，设身处地地为他人着想，推己及人，与人为善，助人为乐。

(2)勇敢进取

勇于开拓创新，积极参与竞争，不怕困难、不畏艰险，对于未知事物有敢于探索的决心和持续探索的毅力，且有英勇不屈、百折不挠的精神。

(3)遵纪守规

研学中自觉遵守各项规章制度，按时集合，按时参加各项活动，不做危险动作，文明出行，不大声喧哗，认真听老师讲解并适时做笔记，时时、处处严格要求自己。

表 4-1　学生研学旅行评价量表

一级指标	二级指标	三级指标	自评(20%)	组评(30%)	师评(50%)	总分
理论评价	地理学习兴趣(20分)	地理知识储备(6分)				
		发现问题的能力(7分)				
		探索能力(7分)				
	专业发展欲望(20分)	热爱程度(7分)				
		自身毅力(7分)				
		研学课程的影响(6分)				
	学习成果(20分)	迁移应用能力(10分)				
		成果展示与交流(10分)				
实践评价	地理实践能力(20分)	素养层面(6分)				
		地理工具应用能力(7分)				
		地理技术运用能力(7分)				
	团队协作(20分)	协作效率(10分)				
		协作效果(10分)				

2. 学习能力

学生研学旅行的评价标准之一是对学生学习能力的评价，主要包括以下几个方面。

(1)学习兴趣

学生在研学过程中积极参与各项研学活动，勤学好问，乐于学习；能主动接受新事物、新知识和新技能；能积极克服研学过程中遇到的各种困难并有持续探索的强烈动力。

(2)学习方法

能积极主动地对研学手册和研学活动进行思考，会利用现代电子工具查找资料，能有针对性地选取可利用的研学资源，并对资源进行优化整合。

(3)学习习惯

有良好的倾听和思考的习惯；针对研学中存在的问题有记录、分析的习惯；能虚心听取别人的意见和建议，并不断改进自我。

3. 实践能力

在实践能力方面，主要对学生的实践动手能力和探索创新能力进行评价。

(1)实践动手

能根据不同研学主题的要求，顺利开展实践操作活动，任务完成度好，如采集标本、完成研学手册、撰写研学报告等。

(2)探索创新

积极参与活动，乐于思考和探究，敢于表达，勇于创新，可以提出有价值的问题和见解，并探索解决问题的方法和途径。

4. 沟通能力

(1)人际交往

懂得自尊和尊重他人，可以相对客观地认识自己，自信但不自傲，不自卑，有包容心，能欣赏别人的优点、学习别人的长处，并能适当展示自己的风采。

(2)沟通交流

乐于与人交流和分享，善于倾听，能理解和恰当回应他人的观点和想法、适时表达自己的观点，遇事多从自身找原因，敢于自我批评，积极采取行动。

二、面向导师的研学旅行评价考核

研学旅行课程是一门以研学旅行为主要内容、体现学生整体参与的校本课程，是一门在导师的指导下由学生自主进行综合性学习的综合实践活动课程。研学旅行与春游、秋游的本质区别是它是有计划性的，是作为一门专门的课程来进行开发的，不仅有“游”，更重要的是进行“研”。因而对导师的考核主要体现在研学课程的开发设计、活动的组织与实施以及课程目标的完成度方面。

(一)研学课程的开发设计

开发和实施地理研学课程的目的是培养学生乐观自信、积极向上的内在特质，促进学生树立正确的价值观和人地协调观；促进学生书本知识和生活经验的深度融合，弥补校内教育的不足；加深学生对本土文化的理解，进而培养学生对家乡的认同感和自豪感，培养爱国主义情怀。所以，课程设计的具体效果如何需要学生对课程本身以及授课导师做出评价。受制于学生自身的认知水平，难以对课程做出量化评价，因此，对课程的评价采用质性评价，主要对课程的有序性、公平性、趣味性和教育性这四个维度进行评价。

研学课程的有序性是指教学和时间安排是否合理有序，活动是否按计划展开。首先，导师需要把控“课堂”的秩序，虽然课堂并不在传统教室中展开，但是导师需要让整个研学活动处于可控状态。教学过程要按计划进行，不能随意更改教学内容，研学课程的有序性并非强调计划不可变更，而是强调课程和活动开展的有序性，避免因随意调整而准备不足导致学生面临较大的安全风险。因而在设计研学课程前要对研学地点进行踩点，在有一定了解的基础上设计课程。

研学课程的公平性是指导师是否公正平等地对待每一个学生，这是提升学生研学旅行体验的基本保障。尽管学生在研学旅行中的表现存在个体差异，但导师不应该在资源分配以及活动参与上对学生进行区别对待。首先，在研学材料的准备上，比如笔、样品袋、研学材料包等，每一位学生都应该被公平对待；其次，在教学的讲解过程与互动中，应尽力照顾到每一位学生，使学生有参与感；此外，还要尽量兼顾每一位学生的需要，提升他们的学习获得感与学习效率。

研学课程的趣味性指教学内容和活动项目对学生来说是否有巨大的吸引力。研学课程的授课对象包括初中生和高中生，而初中生与高中生的心理年龄特点和兴趣点有很大的差异，因而在研学手册、教学方法以及讲解内容上不仅要考虑学生的年龄特点，还要与时俱进、因材施教。对于初中学生，在研学手册的设计上可以出示图片与实地景色相结合，更能吸引学生的兴趣；在教学方法上，多采用直观教学方法，比如在讲解初中生较难理解的地质构造现象时，可以借助双手的动作来形象类比，方便学生理解；在内容讲解上，多偏重于解释形成的现象，对于深层次的成因问题较少涉及。而对于高中生来说，讲解的内容要更加深入，要获得书本以外的知识，就需要具体讲解现象的成因；在教学方法上，多用引导式，使学生自己探索归纳问题的答案；在研学手册的设计上，要多结合课本及课标，使学生在扩充眼界的同时加深对书本知识的理解。另外，教学内容不能照搬书本上的内容，要依托旅行中的事物展开，要与时俱进，在保障安全的同时提升课程本身的趣味性，吸引学生广泛参与。

研学课程归根结底是一门课程，教育性是其根本特性，因此要凸显其教育价值。首先，由于研学对象有所区别，所以在讲解内容的难易程度上要有一定差别，要选择大多数学生都能接受的难度来进行教学，还要注重知识的应用性，提高学生知识迁移运用的能力；其次，研学课程的内容价值是课程教育性的重要部分，学生对内容的感知也主要取决于内容是否新颖、是否有用；最后，要关注课程教会了学生什么，以及学生的能力是否得到了充分的展示。

（二）活动的组织与实施

《中小学综合实践课程活动指导纲要》中规定：综合实践活动课程的内容选择与组织应遵循自主性、实践性、开放性、整合性、连续性原则。因此，导师对研学活动的组织与实施也应遵循以上原则。

1. 注重学生发展需求

研学导师在开展研学活动时能否从特定角度引导学生思考问题，开拓学生思维，紧紧围绕研学主题展开活动，并结合学生在研学过程中实际生成的问题进行有价值的引导，从而提升其地理思维能力和知识的迁移运用能力是评价导师的维度之一。

2. 提高学生自主性和参与性

对研学导师的评价主要体现在学生在“动手做”“实验”“探究”“创作”的过程中进行“感知”“体验”和“体悟”；创设学生感兴趣的、能够实地参与的活动，引导学生自主发现、提出问题、解决问题；野外讲解时，要在保证安全的基础上，为学生提供自主活动的空间，让学生在独立思考探究的基础上解决问题。

3. 指导学生进行探究性学习

研学导师在组织活动的过程中能否引发学生思考，引导学生进行探究性学习。导师在进行课程设计时，要充分了解研学对象已有经验和兴趣专长，设计问题时要设计一些能够促进学生进行学科间知识相关联的问题，鼓励学生跨领域、跨学科学习，为学生进行探究性学习提供空间。

（三）课程目标的完成度

研学导师的研学服务质量主要体现在课程目标的完成度上，研学课程的目标主要体现在以下几个方面。

1. 道德养成教育

道德养成教育是课程教育的首要目标，研学旅行作为学生课外活动的有效途径，也是培养学生道德品质的有效载体，除了教会学生专业知识之外，还要帮助学生学会生存生活、学会为人处事，促进学生形成正确的人生观、世界观和价值观。评价研学导师的教学效果维度之一就是看研学课程结束后学生的道德修养是否得到了提升，对人类与地理环境的关系是否有了更加深刻的认识，是否有了更加清晰的是非判断标准等。

2. 学科知识教育

研学旅行不仅要“旅”，更重要的是要“研”，让学生将理论付诸实际，深化对课本知识的理解，对于学科知识教育的评价主要看研学导师能否深刻把握学生已有知识基础以及学科知识范围，能否基于学生现有知识基础联系研学基地使学生所学有所深化、拓展，以及能否促进学生多角度思考问题的能力和地理思维能力的发展。

3. 社会生活教育

研学旅行使学生走出校园，走进社会、融入社会，有利于加深学生对社会的了解，以及直观感受社会的发展变化，明确社会的前进方向。对于社会生活教育的评价主要体现在能否提升学生的社会责任感，学生是否能够明确自身发展方向以及能否树立为社会做贡献的观念。

4. 乡情和国情教育

研学旅行更多的是基于本地地理课程资源开展的一种乡土地理教育，通过研学旅行，学生可以更加了解自己生活的环境，更加了解自己的家乡，领略祖国的大好河山，接受革命教育的熏陶，从而激发学生的爱国主义情感。对于乡情和国情教育的评价主要看学生对祖国的认识是否更加客观、深刻，是否激发了学生的民族自豪感和荣誉感，是否更加热爱自己的祖国。

第五章

地理研学工具及其使用方法

扫码查看本章彩图

地理研学旅行的开展需要运用一些工具来辅助，这些工具既包括常用的实物工具，如放大镜、地质锤、地质罗盘等，也包括一些信息化工具，如PC端、移动端等。本章将对这些工具的使用进行简单介绍，师生可根据研学地点的实际需要进行工具的选择。地理研学旅行工具见表5-1。

表5-1　地理研学旅行工具

<table>
<tr><td rowspan="3">实物
工具</td><td>地质地貌类</td><td colspan="2">放大镜、地质锤、地质罗盘</td></tr>
<tr><td>水文类</td><td colspan="2">水速检测仪、水质检测仪、水深探测仪</td></tr>
<tr><td>植被与土壤类</td><td colspan="2">放大镜、土壤剖面采样盒、土铲</td></tr>
<tr><td rowspan="5">信息化
工具</td><td>PC端</td><td colspan="2">LocaSpace Viewer、ArcGIS</td></tr>
<tr><td rowspan="3">移动端</td><td>户外助手类</td><td>两步路户外助手、行图、六只脚、奥维地图</td></tr>
<tr><td>植物识别类</td><td>形色、花伴侣</td></tr>
<tr><td>气象类</td><td>Windy、Meteo Earth 、蔚蓝地图</td></tr>
<tr><td>网页端</td><td colspan="2">GlobeLand30、规划云网站</td></tr>
</table>

第一节　常用实物工具使用方法

一、放大镜

放大镜是用来观察物体微小细节的简单目视光学器件，是焦距比眼的明视距离小得多的会聚透镜。在地理研学旅行中，放大镜可以用来观察岩石矿物的颗粒组成以及植物的细小结构等。

（一）放大镜的结构

放大镜包括地质专用放大镜和简易放大镜，放大镜一般由透镜和镜柄两部分组成。透镜是一整块透明或半透明的物体，摸上去非常平滑，不会凹凸不平，通常周围有物料围绕，其特点是中间厚、边缘薄。地质专用放大镜可折叠镜身，便于携带，镜柄呈水滴状，折叠处附有 LED 灯用以照明，且透镜有多种放大倍数可供选择；简易放大镜则由柱状镜柄连着透镜便于学生手持。放大镜的结构见图 5-1。

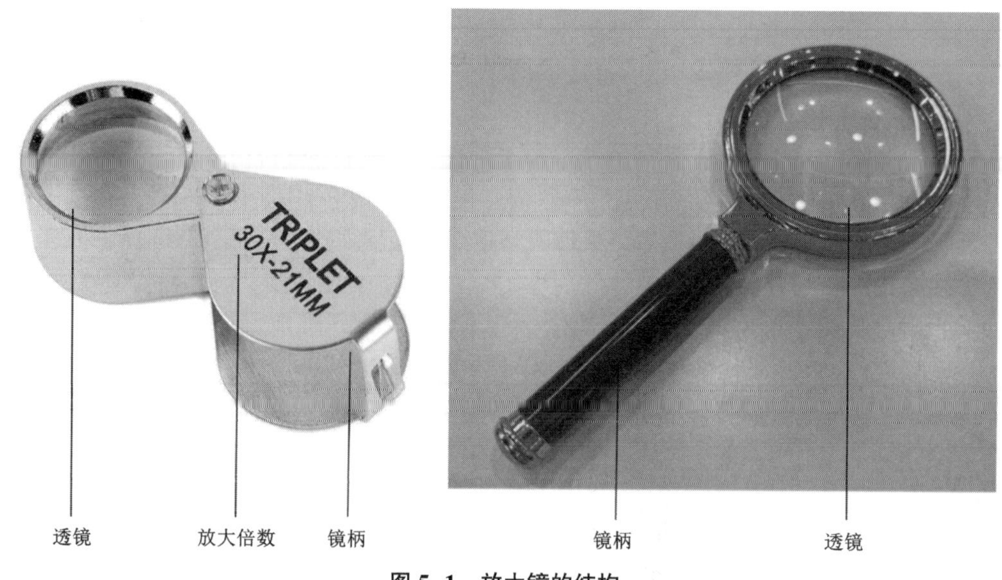

图 5-1　放大镜的结构

（二）放大镜的使用

将放大镜靠近要观察的物体，观察对象不动，人眼和观察对象之间的距离不变，然后移动手持放大镜在观察对象和人眼之间来回移动，直至观察到的图像大而清楚。如在岳麓山地理研学旅行过程中，需要学生使用放大镜观察岳麓山的代表性岩石——石英砂岩，砂岩属于沉积岩，且组成颗粒较细，学生在观察中也可以思考其形成环境，即砂岩是在河流比较平缓的时候或在河流的下游流速较慢的时候形成的。简易放大镜观察石英砂岩见图 5-2。

图 5-2　简易放大镜观察石英砂岩

二、地质锤

地质锤是用于采集岩石样本的常用工具，在地理研学旅行中，学生在保证安全的情况下，可用地质锤敲击岩石，使其破碎，从而采集岩石样本。

（一）地质锤的结构

地质锤由锤头和锤柄两部分组成。地质锤锤头一端呈长方形或正方形，另一端呈尖棱形或扁楔形。而锤柄是连接锤头便于学生手持的部分，形状普遍是柱状。地质锤的结构见图 5-3。

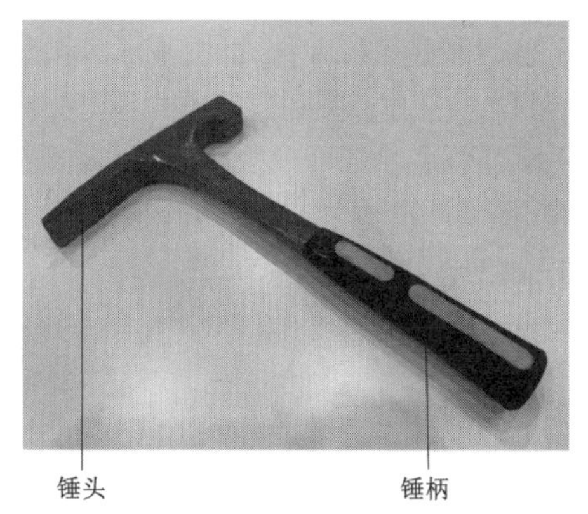

图 5-3　地质锤的结构

（二）地质锤的使用

使用时，一般用方头一端敲击岩石，使之破碎成块，用尖棱或扁楔形一端沿岩层层面敲击，可进行岩层剥离，有利于寻找化石和采样；也用于整修岩石、矿石等标本，使之规格化。在完整岩石露头上，用尖头或扁楔形一端为楔，用另一把地质锤敲击，可在岩石表面开凿成槽，便于采取岩矿、化石样品。此外，还可利用尖头或扁楔形一端进行浅处挖掘，除去表面风化物、浮土等。

在地理研学旅行过程中，一般以小组合作的形式来采集岩石标本。如在岳麓山地理研学时，要求学生每人采集一块石英砂岩的样品。采集过程中要提醒学生一定要注意使用地质锤时不要敲到手，并用一只手挡住眼睛，避免岩石碎屑飞溅到眼睛里。

三、地质罗盘

地质罗盘是地理研学旅行中不可缺少的工具。可用于测方位、测坡度、测岩层产状等。

（一）地质罗盘的结构

地质罗盘样式很多，但结构基本是一致的，我们常用的是圆盆式地质罗盘仪，主要由磁针、刻度盘、反光镜、瞄准觇板、椭圆孔、水准器等几部分组成。地质罗盘的结构见图 5-4。

图 5-4　地质罗盘的结构

磁针一般为中间宽两边尖的菱形钢针，安装在底盘中央的顶针上，可自由转动，最后静止时磁针的指向就是磁针子午线方向。磁针指向北的一端为北针，一般为白色；指向南的一端为南针。由于我国位于北半球，磁针两端所受磁力不等，导致磁针失去了平衡，为了使磁针保持平衡，通常会在磁针南端绕上几圈铜丝，这样也便于区分磁针的南北两端。

刻度盘分为水平刻度盘和垂直刻度盘。水平刻度盘的刻度是从0度开始按逆时针方向每10度作一标记，连续刻至360度，0度和180度分别为N和S，90度和270度分别为E和W，利用它可以直接测得地面两点间直线的磁方位角。竖直刻度盘专门用来读倾角和坡角读数，以E或W位置为0度，以S或N为90度，每隔10度标记相应数字。

水准器通常有两个，即圆水准器和管水准器，圆水准器固定在底盘上，管水准器固定在测斜仪上。管水准器通过地质罗盘底部的调节钮进行调节使管中气泡居中时即可读数。

瞄准器包括瞄准觇板和椭圆孔，要瞄准时，将瞄准觇板顶端向上折成垂直状态，并使眼睛、椭圆孔、目标物三者成一线，即为瞄准。

（二）地质罗盘的使用

1. 测方位

在地理研学旅行中，当需要判断某一物体的相对位置时，就可以用地质罗盘进行测量，即可确定地质罗盘持有者与该物体的相对位置。操作方法是：打开地质罗盘盖，让磁针自由转动，将瞄准觇板对准测量物体，并转动反光镜，使得瞄准觇板、椭圆孔与被测物体在一条直线上，即三点一线，并使圆水准器中的气泡居中。此时，水平刻度盘上的度数即为该物体的方位。

2. 测坡度

坡度是指斜坡与水平面之间的锐夹角的度数。测量坡度时，坡顶与坡脚可各站一人，或立一标杆，或找某参照物。将地质罗盘盖打开，将瞄准觇板顶端向上折成垂直状态，并使眼睛、椭圆孔、目标物三者成一线，并调整地质罗盘底部的调节钮使管水准仪中的气泡居中，此时垂直刻度盘上的读数即为坡度。

如在岳麓山地理研学旅行中，会有不少陡坡，当让学生自行猜测坡度时，大家都是凭空想象，说出的坡度往往与实际相差较大，而此时让学生运用地质罗盘进行坡度的测量，不仅可以增强学生的地理实践能力，更能培养学生实事求是的科学探索精神。在白鹤泉旁有一陡坡如图5-5所示，在此处可开展坡度测量的实践活动。学生在坡顶手持地质罗盘，并以坡底中央的树根为目标物进行坡度的测量。测量后发现，学生眼中陡峭的坡实则只有16度左右。

图5-5　岳麓山白鹤泉旁坡度的测量

3. 测岩层产状

产状是指物体在空间产出的状态和方位的总称。产状分为矿床产状、岩层产状、断层产状、节理产状等，而在地理研学过程中，主要是测量岩层的产状。岩层的空间位置由其产状要素决定，岩层的产状要素包括岩层的走向、倾向和倾角。

岩层走向的测定：岩层走向是岩层层面与水平面交线的方向，即岩层任一高度上水平线的延伸方向。测量时将罗盘上盖打开到极致，并将罗盘长边与岩层层面紧贴，然后转动罗盘，使圆水准器的水泡居中，此时指针所指刻度即为岩层走向。因为走向代表的是一条直线的方向，它可以向两边延伸，指南针或指北针所读数正是该直线两端的延伸方向，两者相差 180 度，因此，一般只取一个度数作为岩层的走向。

岩层倾向的测定：岩层倾向是指岩层向下最大倾斜方向线在水平面上的投影，与岩层走向垂直。测量时，将罗盘北端或瞄准觇板指向倾斜方向，罗盘南端紧靠层面并转动罗盘，使圆水准器中的水泡居中，读指北针所指刻度即为岩层的倾向。

岩层倾角的测定：岩层倾角是岩层层面与假想水平面间的最大夹角，测量时将罗盘直立，并将长边靠着岩层的倾斜线，沿着层面左右移动罗盘，并用中指搬动罗盘底部的调节钮，使管水准器中的水泡居中，此时垂直刻度盘上的读数即为岩层倾角的度数。岩层产状的测量见图 5-6。

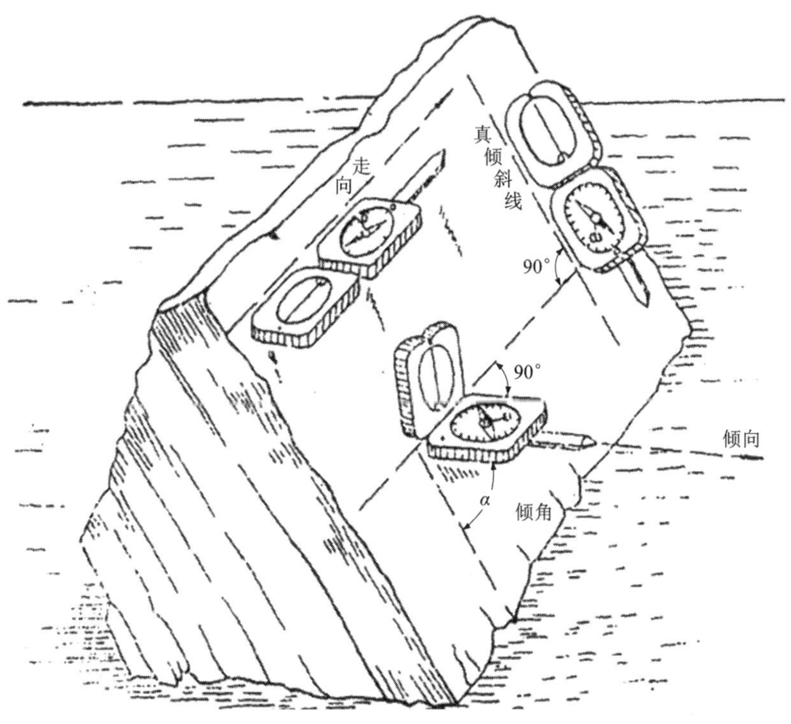

图 5-6　岩层产状的测量

四、水速检测仪

水速检测仪是指通过涡轮流量计对待测水域的水速进行测量的工具。涡轮指的是水流冲击传感器的叶片(类似风车叶片原理)，产生正比于水流速度的旋转，旋转力带动一个小磁铁周期性地触发脉冲信号，通过脉冲数量可得知水流速度，然后根据管径算出流量。

(一)水速检测仪的结构

水速检测仪主要由表体和测量组件组成。表体的材料一般为钢或者铸铁，表体上可显示单位、瞬时流量、累计流量，便于直观数据的观察。测量组件是指涡轮上有经过精密加工的叶片，它与一套减速齿轮和轴承一起构成测量组件。水速检测仪的结构见图 5-7。

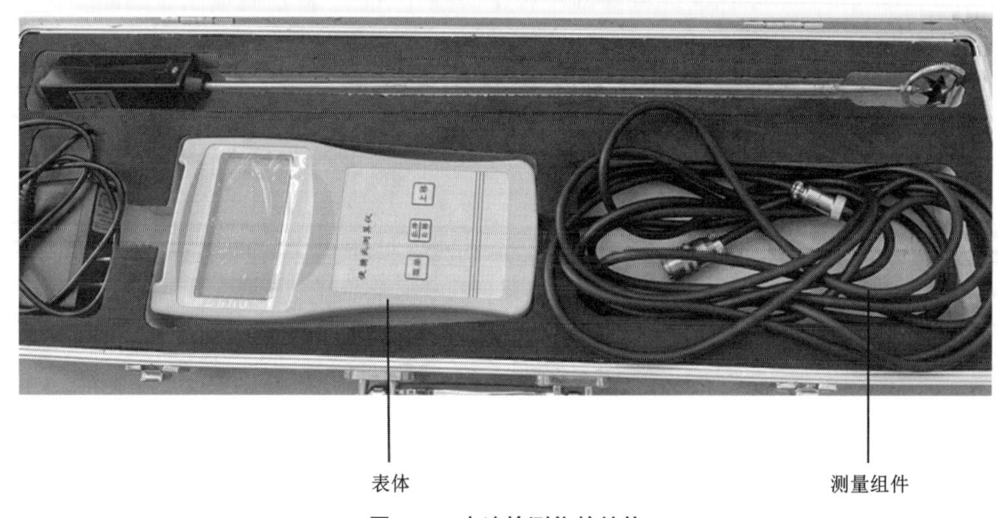

图 5-7　水速检测仪的结构

(二)水速检测仪的使用

水速检测仪是采用涡轮进行测量的流量计。涡轮流量计的阀体内部有个涡轮，当液体经过传感器时，在流体的作用下带动叶轮旋转，叶轮的转速与管道平均流速成正比，经过放大器的整型处理并转换成电信号测量出流量，即先将流速转换为涡轮的转速，再将转速转换成与流量成正比的电信号。

在使用时需注意管道内必须完全充满液体，因此在测量某水域流速时，将仪器放入水中并观察表体的数据即可。

五、水质检测仪

水质检测仪是指用于分析水质成分含量的专业仪表，主要测量水中的成分包括 BOD(生化需氧量)、COD(化学需氧量，BOD 与 COD 的比率可以反映污水的生物降解能力)、氨氮、总磷、浊度、pH 等。水质检测仪可快速准确地测定水中多项指标，对水资源保护起到了重要作用，也有利于增强学生的环保意识。

(一) 水质检测仪的结构

水质检测仪的结构见图 5-8。

(二) 水质检测仪的使用

使用水质检测仪前，需要采集水样，在采样时注意需要先用采样点的水润洗采样瓶三次，使采样瓶与采样水充分接触，将需要进行水质检测的水体样本放入瓶中，选择主机上的检测项目，并待检测电极检测完毕后，观察主机上表盘的读数即可。不同的测量项目需要不同的测量指示剂，如测定 pH 需要苯酚红指示剂，测量时在比色皿中加入 10 毫升待测水样，将比色皿放入测量槽，盖好遮光盖，按 ZERO 键归零，并向比色皿中加入指示剂，盖紧盖子轻摇混合，按 READ 键显示读数即可。

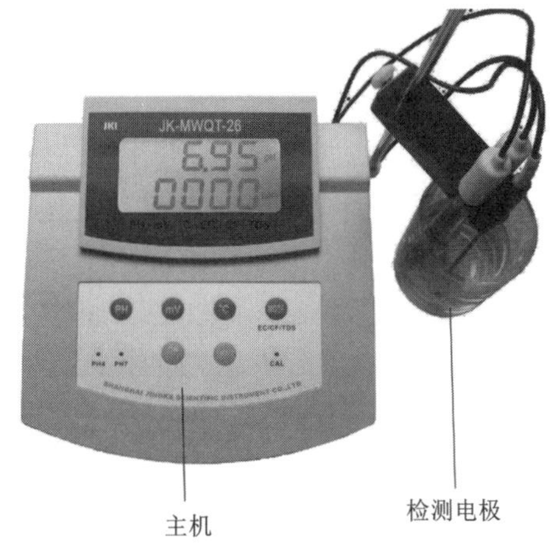

图 5-8 水质检测仪的结构

六、水深探测仪

水深探测仪即便携式超声波测深仪，是测量水库、湖泊、江河、浅海等水体的便携式测深仪，测深时将超声波换能器置于水面或一定位置，利用超声波在水中的固定声速 V_C 和超声波发射到接收的时间 T，仪器自动换算出水深 H，是一款方便使用的手持式超声波测距仪表。仪器可在静水中测深，也可在具有一定速度的水中测深。

(一) 水深探测仪的结构

水深探测仪的结构主要包括主机，用以显示信号强度、深度值、工作模式、当前时间；超声波测深仪传感器为探测关键部件；充电器，读卡器，用于数据的存储与查看；还包括卷尺和保护杆。水深检测仪的结构见图 5-9。

(二) 水深探测仪的使用

水深探测仪主要用于探测水体的深度，在测量时将主机连接传感器在自动测量模式下进入水面即可自动测量，无须设置参数。使用时打开电源，首次测量时，设置好存储时间间隔，一般为一秒测量一次，按测量键即可。测量完毕后，可取出读卡器查看测量记录。

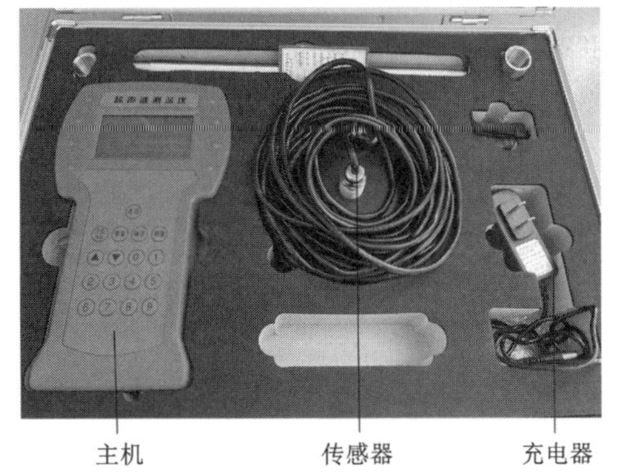

图 5-9 水深检测仪的结构

仪器可在静水中测深，也可在具有一定速度的水中测深，可用来测深的水流速度最高可达5米/秒，是水文测验、水电厂、库区、湖泊、河道勘测和环境水域监测的理想水深测量仪器。

七、土壤剖面采样工具

土壤样品(简称土样)的采集是土壤分析工作的一个重要环节，在地理研学旅行中，需要学生采集指定地点的土壤剖面的土样，需要的实验设备主要有土铲、土壤剖面采样盒、样品袋(塑封袋、布袋)、记号笔、标签(塑封袋标签、粘贴标签)等，只有正确地采集了土样，才能进行后续的分析。在此主要介绍土铲和土壤剖面采样盒的结构及采样要求。

(一)土铲及土壤剖面采样盒的结构

采集土样主要用土铲，收集土样则需要土壤剖面盒。土壤剖面盒分了多个隔层，是因为土壤剖面有不同的土层，需要分层收集。土壤剖面是指从地面垂直向下的土壤纵剖面，是土壤成土过程中物质发生淋溶、淀积、迁移和转化而形成的。不同类型的土壤具有不同形态的土壤剖面(见图5-10)。一般由地表向下主要的土层有：有机层、腐殖质层、淋溶层、淀积层、母质层、母岩层。土铲及土壤剖面采样盒见图5-11。

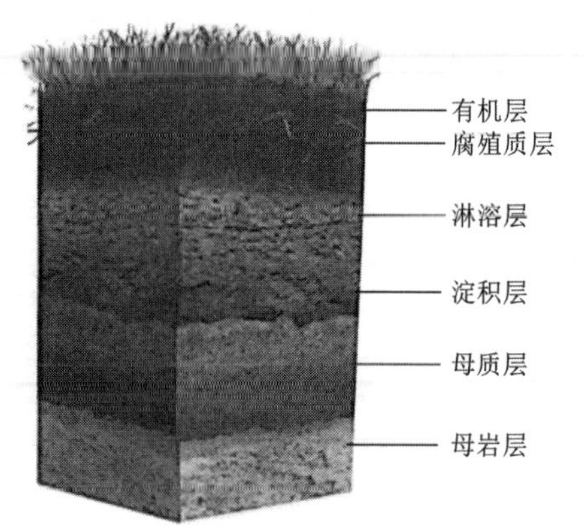

图5-10　土壤剖面的土层垂直序列

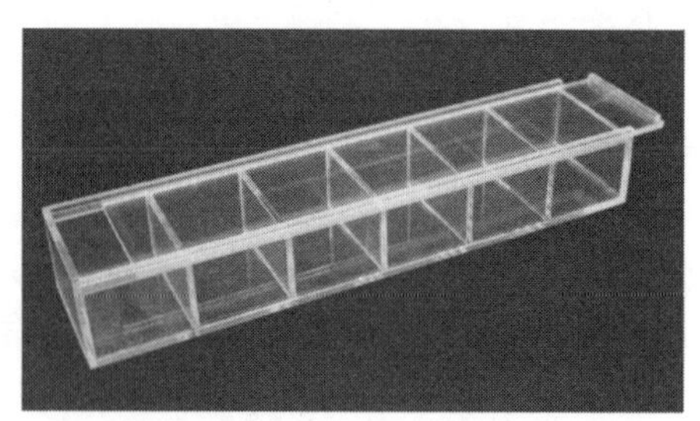

图5-11　土铲及土壤剖面采样盒

(二)土壤剖面采样的要求

土壤剖面一般是在户外选择典型地段进行挖掘的，剖面大小：自然土壤要求长2米、宽1米、深2米(或达到地下水层)，土层薄的土壤要求挖到基岩，一般耕种土壤要求长1.5米、宽0.8米、深1米。用土铲挖掘好土壤剖面后，用土壤剖面盒分层采集土样，并对土样进行记录及简单描述。主要记录土壤剖面所在位置、地形部位、母质、植被或作物栽培情况等；描述内容则主要包括观察到的土壤剖面的层次，按土层分别描述其形态特征如颜色、厚度、湿度等。

第二节 地理研学课程相关信息化工具

研学旅行中的信息化工具主要包括 PC 端、移动端和网页端，信息化工具所特有的地理信息技术因其具备强大的空间分析、可视化功能等，能够帮助学生在户外描述地理环境、收集资料、分析资料、筛选资料以及理解地理环境与人类活动之间的关系。

一、PC 端

PC 端的软件主要介绍 LocaSpace Viewer 和 ArcGIS 两款，由于使用时需要在电脑上进行操作，因此不太方便在研学旅行过程中使用，而更适合在研学旅行前用于研学地点预习或在研学旅行结束后用于总结。

(一) LocaSpace Viewer(LSV)

LocaSpace Viewer(LSV)是一款国产的三维数字地球软件，该软件操作界面友好，每一个工具按钮点击后都有详细的操作说明，且具有强大的地理信息搜索功能，并可以利用其强大的地理信息表现形式直观地表达地理信息，将复杂的地理知识形象化、可视化。该软件主要用于国土测绘、数字海洋、三维地下管网等领域。该软件可加载地图、气象图、地质图等，并可生成任意区域的等高线，可用于研学地点的地形地貌及气象等的查询与识别，这对于辅助地理研学的开展具有重要意义。LocaSpace Viewer 界面见图 5-12。

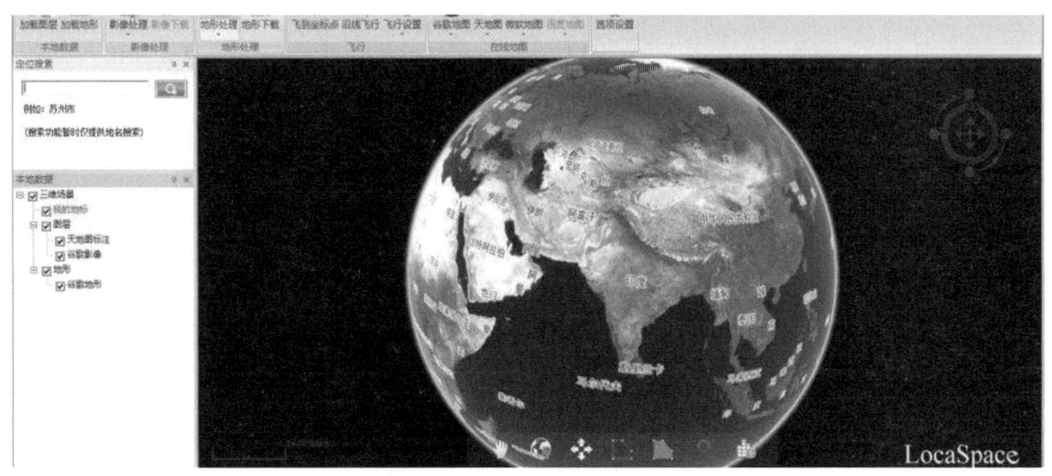

图 5-12 LocaSpace Viewer 界面(扫章首码查看彩图)

(二) ArcGIS

ArcGIS 提供了一套完整的可以灵活地存储、编辑和管理地理数据的工具，如 ArcMap、ArcScene。且 ArcGIS 支持多种数据格式和数据库，如 shapefile、文件地理数据库、CAD 和栅格等。通过地图能够更好地展示数据的空间分布模式、相互关系以及发展趋势。ArcGIS 提供了强大的制图工具、地图模板以及丰富的符号库以制作精美的地图，支持在二维和三维场景中制作和浏览地图，动态显示时态数据。空间分析能力是 ArcGIS 平台的核心能力之一。空间分析让我们能从地理学的视角来理解整个世界，例如探究事物的空间分布规律、事物间的空间关系等。

但 ArcGIS 属于专业型软件，这类软件操作起来有一定难度，且不易掌握，需要使用者经过系统学习和培训后才能使用，且专业型的地理信息技术软件价格比较昂贵，需要专门的下载途径，不易获取，且对使用者的要求较高。ArcGIS 界面见图 5-13。

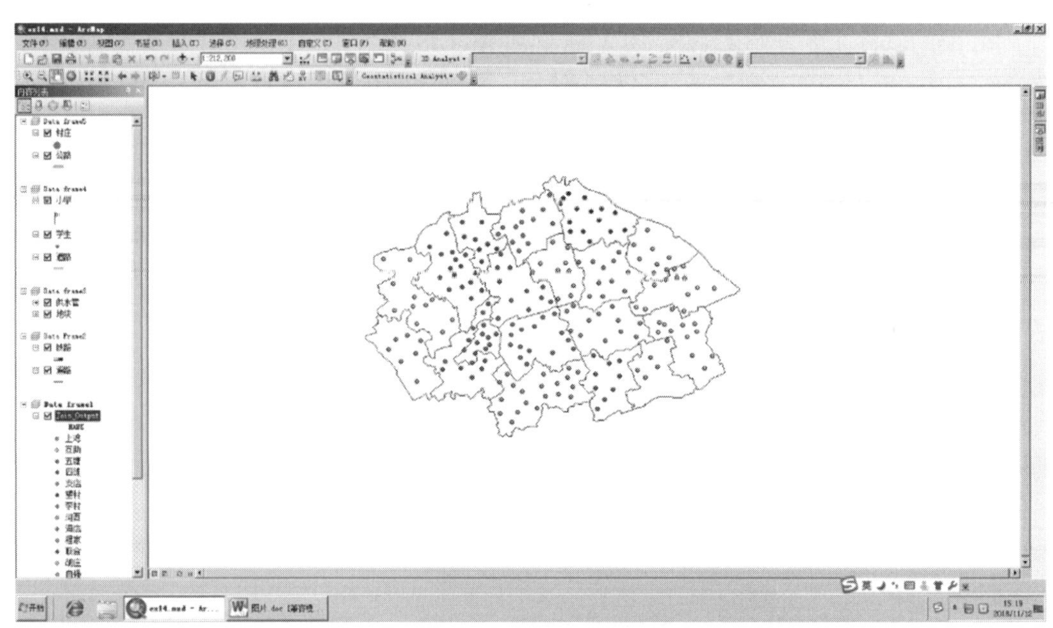

图 5-13　ArcGIS 界面

二、移动端

随着智能手机与人工智能飞速发展，以移动端为载体的各类软件逐渐普及并被广泛应用，而通过手机软件辅助地理研学旅行具有便捷性、可操作性。以下介绍几种常用的手机软件，包括户外助手类、植物识别类以及气象类软件。

(一) 户外助手类：两步路户外助手、行图、六只脚、奥维地图

两步路户外助手、行图、六只脚、奥维地图这四款手机软件是较常用的户外助手类软

件，通过对比，两步路户外助手对于地理研学旅行更具实用性。

两步路户外助手的主要功能包括：出行路线规划、离线地图、记录出行轨迹、标注兴趣点、经纬度换算、距离测量、面积计算以及指南针等。在叠加功能中，还可以叠加等高线，便于学生直观地观察研学途中等高线的变化。学生还可以添加队伍，定位队员实时位置，共享研学信息，促进小组合作。

在界面右上方，依次为工具、图层、叠加、队伍。工具箱中主要包含添加兴趣点功能，即在地图上选定一个点可添加文字、图片等信息并保存；位置闹钟即在地图上选定一个点，进入预警范围后将予以提醒；目的地即在地图上选定一个点，可提供导航信息；手绘规划即在地图上确定多个点，可自动生成一条轨迹线；经纬度换算可用于经纬度定点；指南针即确定所在地的方位；面积计算即在地图上确定多个点可计算出各点所围范围的面积；测距即计算地图上各点的直线距离；紧急呼救即可发送实时位置给紧急联系人，以确保个人安全。图层功能可以选择不同的地图如高德地图、高德卫星地图、高德道路详图等，可根据实际需要进行选择。叠加功能主要是在原有图层上进行兴趣点、等高线、指南针等的叠加，使界面信息更加丰富。队伍功能可加入或创建队伍以添加队伍成员，以共享队伍信息、增强团队合作。

图 5-14　两步路户外助手界面(扫章首码查看彩图)

界面左下方是记录功能，点击人像，可选择运动健身或交通出行两种模式，运动健身又具体包含徒步、爬山、骑行、跑步、游泳、散步、滑雪、轮滑等方式；交通出行包含驾车、摩托车、轮船、飞机等方式。选择好具体模式后即可开始记录轨迹。界面右下方是导航，可设定目的地或指定轨迹进行导航。两步路户外助手的界面见图 5-14。利用两步路户外助手设计的岳麓山研学路线见图 5-15。

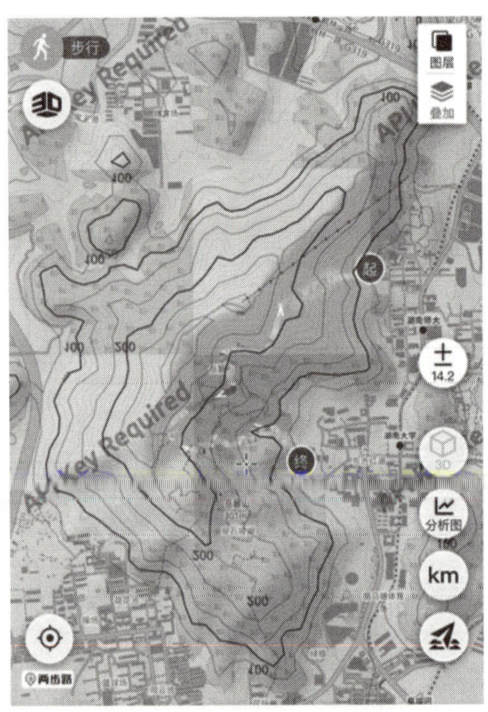

图 5-15　利用两步路户外助手的设计岳麓山研学路线(扫章首码查看彩图)

(二)植物识别类:形色、花伴侣

形色与花伴侣都是用于地理研学时识别植物类型的手机软件。形色这一软件的主要功能是通过拍摄植物照片以识别其类型,识别后会提供有关植物的百科、价值、养护等信息,该软件可识别约 4000 种植物。花伴侣是一款能识别中国野生及栽培植物的软件,也是只需拍摄植物照片即可进行识别。两者均可查看指定位置附近的植物类型,便于学生对不同地区的植被有详细的了解。

地理研学途中会遇到各种各样的植物,且有些植物的形态比较相似,因此,通过这一类植物识别软件对植物进行识别,既满足了学生的好奇心与求知欲,更拓宽了学生关于不同植物的知识,教师还可以联系气候、土壤等内容针对某些植物进行详细的分析讲解。如在岳麓山研学旅行途中会让学生观察的植物主要有水杉、樟树、八爪金盘、棕榈与蒲葵等,水杉这一植物的形色查询界面见图 5-16,包括植物的照片、诗词赏花以及植物的文化、价值与趣闻等。形色识别结果界面(以水杉为例)见图 5-17。

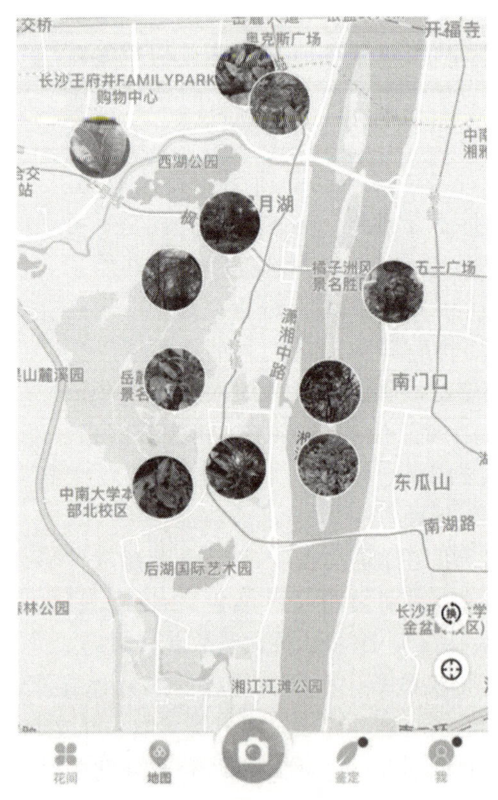

图 5-16　形色界面(以岳麓山周围为例)(扫章首码查看彩图)

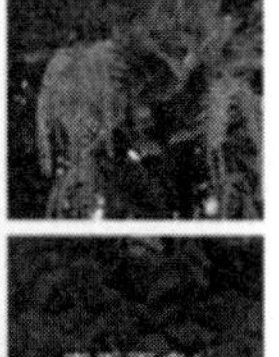

图 5-17　形色识别结果界面(以水杉为例)

(三)气象类：Windy、Meteo Earth、蔚蓝地图

1. Windy

Windy 是一款气象查询软件，通过软件名称就可以看出其核心内容是风。界面顶端表示风速大小，蓝色代表风速为 0~5 米/秒，绿色代表风速为 5~10 米/秒，颜色继续由绿色变为黄色、橙色、红色，表示风速不断增加。界面中的风向以粒子形式展示，动态的粒子更加直观，便于学生辨别风向。Windy 还可用于查询指定地点近 10 日的气象预报。Windy 界面见图 5-18。

2. Meteo Earth

Meteo Earth 是一款全球综合天气预报软件，它采用 3D 旋转地球设计，对天气、压力、温度、降水等有全方位的展示。该软件可提供 14 天内的气温及降水的趋势预报，还有全球范围的风动图及云图。该软件界面可自由切换平面地球和立体地球，还可查看实时全球昼夜分布。

3. 蔚蓝地图

蔚蓝地图原名为“污染地图”，随着关注与下载的人数越来越多才更名。蔚蓝地图不仅可以提供天气信息，更重要的是可以实时查询全国各地的空气、水质、垃圾、双碳、土壤等情况。以长沙市为例，各区的空气质量均可查询，数据指标主要有 AQI、PM2.5、PM10、O_3 等；水质状况主要包括地表水、饮用水、海水和地下水，如湘江各河段的水质为二等，且可以查看近年来的水质变化趋势，可以发现近年来湘江的水质由三等变成了二等；双碳主要反映的是温室气体的情况，分为总量、人均及单位 GDP。通过蔚蓝地图了解全国各地实时的污染情况，对于培养学生的环保意识、树立人地协调观具有重要意义。不仅对学生有益，对于公众来说，建立环保信息公开平台，利用互联网和移动互联网进行传播，推动各方使用从而形成治污减排的动力，可最终实现环境改善，这也是该软件设计者的初衷。蔚蓝地图的长沙空气质量图见图 5-19。

图 5-18 Windy 界面(扫章首码查看彩图)

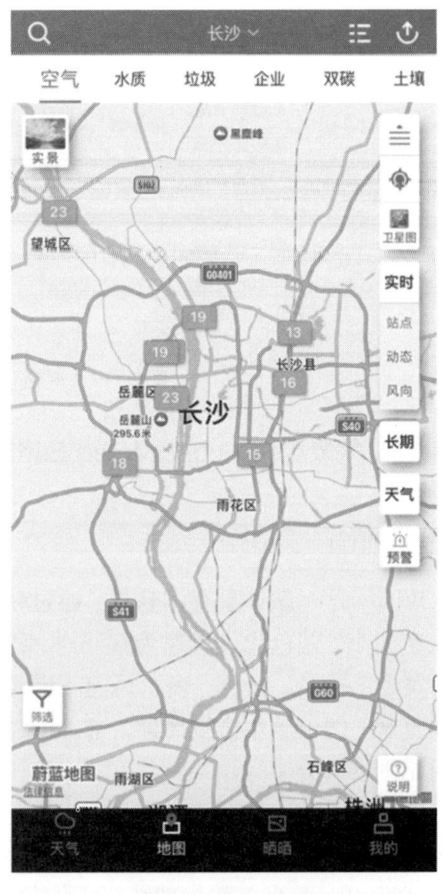

图 5-19 蔚蓝地图的长沙空气质量图(扫章首码查看彩图)

三、网页端

(一) GlobeLand30 (30 米全球地表覆盖数据)

GlobeLand30 是中国研制的 30 米空间分辨率全球地表覆盖数据，其界面可以切换平面地图与三维地图，提供的数据共包括 10 个一级类型，分别是耕地、林地、草地、灌木地、湿地、水体、苔原、人造地表、裸地、冰川和永久积雪，并且通过时间轴可以查看 2000 年、2010 年以及 2020 年不同类型土地的情况，因此，该软件可用于查看全球土地类型以及分析城市土地利用情况的发展与变化。如可用于城乡建设用地的研究，城乡建设用地分布与变化是人类活动的直观标志和生态足迹，在环境变化研究、地理国(世)情监测和可持续发展研究等方面发挥着重要作用。

(二) 规划云网站

信息化迅速发展的社会可以用“微时代”来定义其社会特性，那么，应对“微时代”的规划应该是一种“云规划”。

规划云网站是用于国土规划与建设的网站，网站内提供了多种数据，如全球夜光地图、DEM 地形图、指定地点的经纬度等，可用于以开展城市规划为主题的地理研学活动，因此在人文地理研学中有重要作用。规划云网站界面见图 5-20。规划云网站 DEM 地形下载界面见图 5-21。

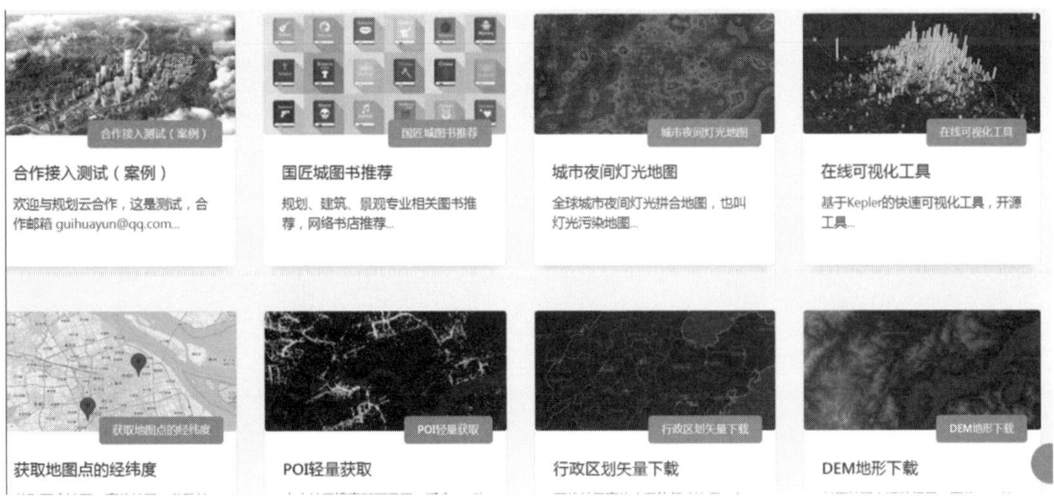

图 5-20　规划云网站界面(扫章首码查看彩图)

研学旅行过程中使用相应的工具辅助，不仅能让学生动手操作，培养了学生的地理实践能力，也使研学旅行的开展更加丰富多彩。实用工具的使用使得学生掌握了常用地理工

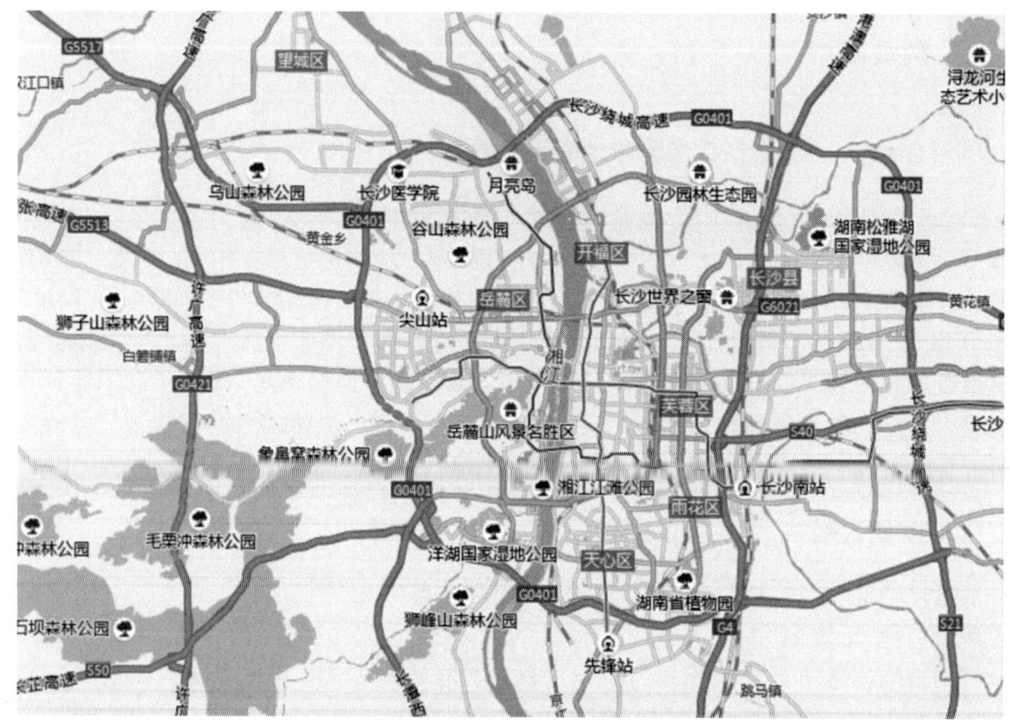

图 5-21　规划云网站 DEM 地形下载界面(扫章首码查看彩图)

具的基本操作方法并能动手实践，而信息化工具的使用则进一步培养了学生的信息素养。因此，师生在开展地理研学实践时，可根据实际需要进行工具的选择。

第六章

湖南省地理研学案例

扫码查看本章彩图

第一节　岳麓山研学旅行路线设计与实践

一、设计理念

研学旅行是一种有效的素质教育方式，有助于让学生直面更真实、更丰富的世界，顺应了教学方式改革的需要。从身边熟悉的地理环境出发，教师在从可达性、资源性、全面性等角度调查筛选周边地理资源后，最终选定岳麓山作为考察地点，通过地理研学旅行实践活动，培养学生收集和获取地理信息的能力、调动和运用知识探究地理问题的能力以及团队协作能力；帮助学生了解家乡，帮助学生树立正确的审美和人地协调观，落实区域认知和综合思维的培养，最终实现提升地理实践能力的培养目标。

二、地点概况

岳麓山位于湖南省长沙市岳麓区，在湘江西岸，由山的主体和周围一系列的丘陵、山地构成，为城市山岳型风景名胜区。岳麓山的主体部分位于东经 112°54′~112°56′，北纬 28°10′~28°12′，南北长约 4 km，东西宽约 3 km，最高点海拔为 300. 8 m。岳麓山中部高峻，东坡陡峻，西坡较缓，山脊线以云麓峰为转折，南段呈东南—西北走向，北段向东北延伸，呈半月弧型，凹面朝向湘江。岳麓山自然、人文资源丰富，课程资源开发价值颇高。

三、研学目标与适用学段

（一）适用学段

高中

(二)研学目标

本次研学实践内容囊括湘教版高中地理教材必修一第五章、选择性必修一第二章与第四章的内容,围绕“植被与土壤”“地质构造与地表形态”“地表形态与人类活动”“陆地水体间的相互关系”等知识点开展。根据《普通高中地理课程标准》(2017年版,2020年修订)规定,学生需要通过野外观察或运用土壤标本说明土壤的主要形成原因;结合实例,解释内力和外力对地表形态变化的影响,并说明人类活动与地表形态之间的关系;绘制示意图,解释各类陆地水体之间的相互关系。通过考察,学生近距离认识了自然,落实了地理核心素养,促进了书本知识和实际生活的深度融合。研学目标设置见表6-1。

表6-1 研学目标设置

核心素养	研学目标
区域认知	通过资料收集与实地考察,了解岳麓山的自然和人文特征
地理实践能力	实地考察,观察岳麓山的地质地貌、土壤、水文和文化;通过小组合作完成研学活动素材的收集整理、研学汇报总结等任务。
综合思维	结合搜集的资料,对地貌的形成以及土壤和植被进行综合分析
人地协调观	培养学生爱护自然环境的意识。通过考察,学生用欣赏的眼光客观地认识自然界,对人类与地理环境之间形成协调关系有了更加深刻的认识和理解;能够针对人地矛盾提出改进建议

四、前期准备

(一)知识储备

学习湘教版高中地理教材必修一第五章、选择性必修一第二章和第四章的内容,以及围绕“植被与土壤”“地质构造与地表形态”“地表形态与人类活动”“陆地水体间的相互关系”的相关知识点。

(二)组织形式

研学活动开始前,教师将全班学生进行分组,每组至少六人,每个小组选一名组长负责签到等事宜,各小组成员按野外实践观测表进行分工,研学过程中以小组为单位进行活动。

(三)工具准备

铅笔、图纸、罗盘仪、地质锤、铅垂线,装有GPS、海拔表和指南针软件的手机,地表水采样器、水质检测包等。

(四)交通方式

学校租用大巴车，教师和学生集体乘坐大巴车到岳麓山东方红广场。

(五)注意事项

1. 岳麓山属于山区，提醒学生不要进行攀岩、探险等危险活动；
2. 岳麓山属于林区，干枯树枝、树叶较多，提醒学生不要带火种进山，避免火灾发生。

五、研学活动内容设计

(一)研学路线和时间安排

本次研学设计主要分为两大类——自然地理类和人文地理类。主要有：对岳麓山清风峡、笑啼岩峡的地质构造进行考察，对岳麓山的地表水(穿石坡湖)与地下水(白鹤泉、岳王亭以西 60 米处)进行考察，对岳麓山的土壤进行考察，对岳麓书院的古建筑与自然环境之间的关系进行考察。研学时间与地点安排见表 6-2。

表 6-2　研学时间安排

时间	地点	考察内容
8:30-10:30	岳麓书院	岳麓山人文地理考察
10:30-11:00	清风峡	褶皱与地表形态考察
11:00-12:30	笑啼岩峡、白鹤泉	断层与地表形态考察和岳麓山地下水考察
12:30-13:30	午餐(自备)	
13:30-14:30	岳麓山穿石坡湖	岳麓山水文水系考察
14: 30-15: 30	岳麓山东坡的茶园	岳麓山土壤考察
一周内	小组讨论完善活动记录单并完成综合实践类研习	
一周后	研学总结大会	小组展示设计成果

(二)研学具体活动内容

1. 自然地理类研习

(1)岳麓山清风峡(28°11′40″N，112°56′41″E)、笑啼岩峡(28°10′53″N，112°56′39″E)的地质构造的考察。

第九战区指挥部旧址旁，此地有完整的背斜轴部露头。清风峡背斜见图 6-1。

图 6-1　清风峡背斜

<table>
<tr><td rowspan="3">研习目的</td><td>①观测清风峡、笑啼岩峡的产状，分析其地质构造及地形成因</td></tr>
<tr><td>②培养野外观察断层构造等地质现象和分析地质构造的能力，增强实践探究能力</td></tr>
<tr><td>③了解岳麓山的地质变化过程，明晰它们对其他自然地理因素的意义和具体作用，以及它们对当地生产生活的影响</td></tr>
<tr><td>教学活动</td><td>【活动 1】由于地质构造运动，如今岳麓山地表仍可见背斜构造和向斜构造。在清风峡用罗盘仪等仪器测量岩层的倾角和走向，思考：清风峡背斜谷地是怎样形成的？在地质构造上有什么特点？
【活动 2】在笑啼岩谷地，因两侧的岩层发生相对升降运动产生断层，同时，由于流水的侵蚀作用，形成了峡谷地貌。用罗盘仪等仪器测量峡谷的深度、坡向</td></tr>
<tr><td colspan="2">考察点 A——岳麓山清风峡活动记录单</td></tr>
<tr><td>小组名称：</td><td>小组成员：</td></tr>
<tr><td>1. 褶皱及其基本形态</td><td></td></tr>
<tr><td>2. 清风峡两侧岩层地质剖面示意图及其形成过程</td><td></td></tr>
</table>

续表

考察点B——岳麓山笑啼岩峡活动记录单	
小组名称：	小组成员：
1. 断层及其基本形态	
2. 笑啼岩两侧岩层地质剖面示意图及其形成过程	

（2）岳麓山地表水（穿石坡湖）与地下水（白鹤泉28°11′0″N，112°55′42″E、岳王亭以西60米处28°11′33″N，112°56′19″E）的考察

研习目的	考察岳麓山地表水系的分布特点，分析山地地貌对水文特征的影响
	观测岳麓山的水循环过程（降雨—入渗—径流），分析其对岳麓山地下水水质的影响
	观察穿石坡水库的基本形态与功能，了解山地水库的选址及地理环境特征
教学活动	【活动1】在穿石坡人工湖，考察山地湖泊以及山地溪流所在地的地貌特点，了解其形成条件，对汇水区域的示坡线有一定的认识 【活动2】红壤和砂岩具有较强的吸附与过滤作用，可去除水中的杂质和部分污染物。在岳麓山随处可见天然饮用水取水口，在取水口处考察土壤和岩层的特点，思考岳麓山地下水的分布规律 【活动3】为什么在枯水季节岳麓山许多山沟依然有潺潺流水？
考察点C——岳麓山穿石坡湖活动记录单	
小组名称：	小组成员：
地表水	
1. 山地地貌对水文特征的影响	
2. 穿石坡湖（山地水库）的选址及地理环境特征	
3. 穿石坡湖（山地水库）的功能	
考察点D——岳麓山白鹤泉活动记录单	
地下水	
1. 绘制水循环示意图	
2. 观察白鹤泉取水口处土壤和岩层的特点，分析其对岳麓山地下水水质的影响	

(3)土壤考察

岳麓山地处亚热带，水热条件较好，化学作用较强，在脱硅富铝化作用下，土壤以地带性红壤为主。我们找到了一个岳麓山已有的公路断面进行观察；岳麓山毛尖种植历史悠久，如今岳麓山红壤的理化性质是否仍利于毛尖茶树的生长？我们选取了位于岳麓山东坡的茶园(地理坐标 28°11′12.66″N，112°55′38.026″E)采集土样。

<table>
<tr><td rowspan="2">研习目的</td><td colspan="2">①观察红壤土壤，初步判断土壤机械组成</td></tr>
<tr><td colspan="2">②考察茶叶生长的土壤环境</td></tr>
<tr><td>教学设计</td><td colspan="2">观察河畔旁的植被，从较大尺度的地域位置分析此处的植被类型；根据局部自然环境对植被的影响描述出植被的习性、长势等，认识自然环境与植被之间的相互关系</td></tr>
<tr><td>教学活动</td><td colspan="2">【活动 1】岳麓山地处亚热带，土壤以地带性红壤为主。观察红壤的土壤剖面
【活动 2】对土壤的质地、pH、主要化学成分进行检测，了解土壤组成对植物生长的影响</td></tr>
<tr><td colspan="3">考察点 E——岳麓山土壤考察活动记录单</td></tr>
<tr><td colspan="2">小组名称：</td><td>小组成员：</td></tr>
<tr><td colspan="2">1. 观察红壤的土壤剖面</td><td></td></tr>
<tr><td colspan="2">2. 对土壤的质地、pH、主要化学成分进行检测(在地理实验室内完成)</td><td></td></tr>
<tr><td colspan="2">3. 分析土壤组成对茶树生长的影响</td><td></td></tr>
</table>

2. 人文地理类研习

岳麓书院古建筑(28°11′0″N，112°56′10″E)与自然环境之间关系的考察

岳麓山体积不大，但是容纳的古建筑物很多。在云麓宫—爱晚亭—岳麓书院这一条中轴线上，分布着许多古建筑景观，掩映在翠绿山色之中，与岳麓山相映成趣，和谐共处。

<table>
<tr><td rowspan="3">研学目的</td><td>观测岳麓书院古建筑的位置特征，探究建筑布局与微观地形的关系</td></tr>
<tr><td>观测岳麓书院园林景观，分析清风峡水系对岳麓书院水源补给的作用</td></tr>
<tr><td>观测岳麓书院古建筑础柱、屋顶坡度、琉璃瓦形态特征，分析亚热带季风气候基本特征(气温、湿度、风向等)对古建筑的影响</td></tr>
</table>

续表

教学活动	【活动 1】千年学府岳麓书院由书院、文庙、园林三部分组成，学生考察岳麓书院古建筑，思考：岳麓书院内庭园景的水源地在哪里？ 【活动 2】岳麓书院是古代汇集英才的圣地，书院选址会考虑到“择胜”。岳麓书院背枕岳麓主山，正面邻湘江水，具备背山、面水、向阳的环境特征。思考：岳麓山的自然地理区位条件对岳麓书院有哪些有利影响？ 【活动 3】“深山藏古寺”，学生通过考察，探究：岳麓书院古建筑“藏”在岳麓山的什么地形区？与清风峡有什么关系？

考察点 F——岳麓书院活动记录单	
小组名称：	小组成员：
1. 绘制岳麓书院周边图及书院平面图(素描图)	
2. 请从岳麓山的自然和人文地理区位条件分析岳麓书院选址的原因	
3. 分析气候基本特征(气温、湿度、风向等)对古建筑的影响	
4. 分析岳麓书院内庭园景的水源地在哪里	
5. 对岳麓书院旅游业持续发展提出建议	

六、研究评价与总结

(一)研学成果评估

本次研习成果形式为 6 项学习活动记录单以及活动汇报两大部分。学生汇报应注意以下几点：①分组汇报；②汇报内容包括 6 个研学点的所学知识，具体应包括小组现场照片、现场笔记、搜集的文件素材等研学佐证资料以及研学讨论过程资料、研学结论、研学收获、组内成员分工等内容；③汇报形式包括但不限于 PPT 讲演、研习报告或研习活动单展示等方式。

评价标准采取教师定性与定量指标相结合的模式，综合参考小组成果的知识正确性、作品完成度、创新性、合作参与度、美观度等指标进行评价。评价具体维度及指标、指标解释如表 6-3 所示，各项总分合计 95 分，最后设置教师总体印象评价 5 分，教师可依据实际观察情况进行打分。

表 6-3　岳麓山研学考察成果评估

一级维度	二级维度	满分	满分标准	本项得分
内容填写（分值占比30%）	内容正确性	12	熟练运用地理知识、原理回答学习活动记录单中的问题	
	论证合理性	10	论点与论据组织符合逻辑，观点全面，因果解释到位	
	创新性	8	能够体现本组对问题的独特思考且有意义	
图式绘制（分值占比25%）	知识准确性	8	图式涉及核心地理知识点，没有知识性错误	
	内容完成度	5	构图合理，要素完整，附必要文字注释	
	作品创新性	4	能够体现本组对问题的独特思考且有意义	
	团队合作能力	5	能够充分发挥各位组员的特长与集体智慧	
	图式绘制美观性	3	详略、布局合理美观，有一定观赏性	
活动汇报（分值占比40%）	地理核心性	12	体现学生多项地理核心素养（区域认知、地理实践能力、综合思维、人地协调观）	
	研习目标达成度	10	汇报内容与研学目标一一对应，全部为解决问题服务；或问题解决所学习的理论知识涉及所有教学目标	
	表达能力	10	语言清晰流畅，态度积极热情，与听众有互动	
	团队合作能力	8	由代表或集体汇报研学成果，小组分工合理，任务明确，协作完成	
总体印象（分值占比5%）		5	积极参与，专心考察，及时提交研习成果等	
总分		100		

(二) 研学课程评估

研学课程结束后，从过程和结果两方面对智力与非智力因素进行评价，能从不同角度体现提升地理核心素养的研学目标。评价主体包括学生自评、小组成员互评和教师评价，其中小组自评权重 15%，小组互评权重 15%，教师评价权重 70%。研学综合评价表见表 6-4。

表 6-4　研学综合评价表

小组号：__________　　姓名：__________		总分：		
评价指标	评价内容	小组自评	小组互评	教师评价
过程评价	①研学守时守序、举止文明，符合研学点各项规定，收集材料符合组织流程 A. 优秀　B. 良好　C. 一般　D. 不足			
	②研学过程中全员参与，小组分工合理，任务明确，听从指挥，服从大局 A. 优秀　B. 良好　C. 一般　D. 不足			
	③研学材料收集充分 A. 优秀　B. 良好　C. 一般　D. 不足			
	④能够准确发现、提出问题，并以问题解决为学习指向分小组开展调研 A. 优秀　B. 良好　C. 一般　D. 不足			
	⑤研学中积极参与活动，如拍摄照片、记录笔记、讨论交流等 A. 优秀　B. 良好　C. 一般　D. 不足			
结果评价	⑥研学成果无知识性错漏，有地理核心性 A. 优秀　B. 良好　C. 一般　D. 不足			
	⑦汇报任务小组分工合理，汇报结果是尊重组内差异的多元化成果 A. 优秀　B. 良好　C. 一般　D. 不足			
	⑧学习态度良好，准备充分，有所收获 A. 优秀　B. 良好　C. 一般　D. 不足			
	⑨ 总体而言，严于律己、乐于助人，保持了良好的品德修养 A. 优秀　B. 良好　C. 一般　D. 不足			
分数说明	(1)共 9 项指标，每项满分为 10 分，总分 100 分。A、B、C、D 各选项赋分如下： A. 优秀 10 分　B. 良好 8 分　C. 一般 6 分　D. 不足 4 分 (2)总分=(小组自评得分+小组互评得分+教师评价得分)/9/3×10			

附件：
优秀学生研学案例展示

自然地理类研习

（一）岳麓山清风峡(28°11′40″N，112°56′41″E)、笑啼岩峡(28°10′53″N，112°56′39″E)地质构造的考察

考察点 A——岳麓山清风峡活动记录单	
小组名称：略	小组成员：略
1. 褶皱及其基本形态	 
2. 清风峡两侧岩层地质剖面示意图及其形成过程	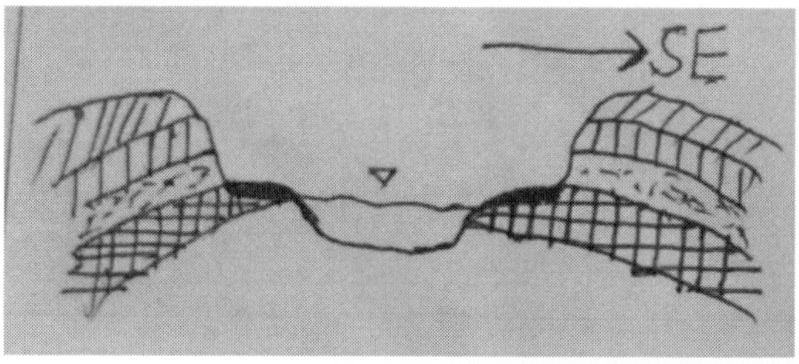
考察点 B——岳麓山笑啼岩峡活动记录单	
小组名称：略	小组成员：略
1. 麓山寺旁断层及其基本形态	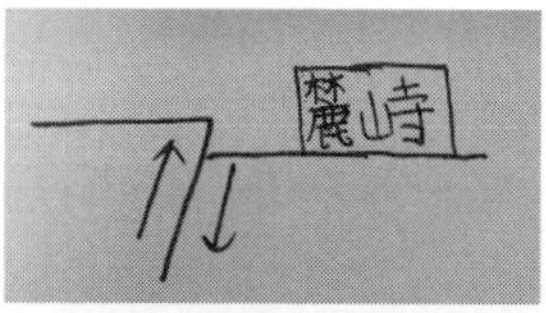
2. 笑啼岩两侧岩层地质剖面示意图及其形成过程	

(二)土壤考察

考察点 E——岳麓山土壤考察活动记录单	
小组名称：略	小组成员：略

1. 观察岳麓山东坡 79 m 处(28°12′N, 112°56′E)红壤土壤剖面

土壤剖面图	层次名称	深度/cm	颜色	质地	结构	坚实度	干湿度	植物根	腐殖质	层次过渡情况
A	枯枝落叶层	0								
B	腐殖质层	0~30	红棕	壤土	粒状	较松	潮润	一根较大侧根，三根较小侧根，些许须根	较多	明显
C	淀积层	30~70	棕黄	黏土	粒状	松	润	些许须根	较少	

2. 对土壤的质地、pH、主要化学成分进行检测(在地理实验室内完成)

岳麓山土壤样本 pH 测定

实验名称：土壤 pH 测定
地点：湖南师范大学地理实验室

1. 实验目的与意义

对于土壤 pH 的测定是非常有必要的。因为土壤 pH 是土壤的重要基本性质，也是影响作物生长的主要因素之一。它与微生物活动以及土壤的肥力等都有着密切联系。土壤 pH 与许多项目的分析方法和分析结果也有着密切联系，是审查其他项目结果的一个依据。

2. 实验器材

pH=3.97 的标准缓冲溶液(邻苯二甲酸钠)、pH=6.87 的标准缓冲溶液(磷酸氢二钠+磷酸二氢钠)、pH=9.22 的标准缓冲溶液(四硼酸钠)、蒸馏水、风干土样 2 份、分析天平、移液管、50ml 小烧杯若干、玻璃棒、pH 计。

3. 实验原理与方法

电位法测 pH——在土壤 pH 测定方法中，电位法测定的精确度比较高，pH 的误差在 0.02 左右。

续表

①测定原理

用水溶液提取土壤中水溶性的 H^+，使用玻璃电极作为指示电极，甘汞电极作为参比电极，共同插入溶液中，即构成了电池反应。此时两极之间形成电势差，由于甘汞电极电势固定，该电势差的大小取决于溶液中 H^+ 的浓度。H^+ 浓度的负对数值即为 pH，此值可在仪器屏幕上直接读写。

②测定方法

A. 用天平称取过 2 mm 筛孔的风干土样 2 份各 10 g，分别置于 50 mL 烧杯中。

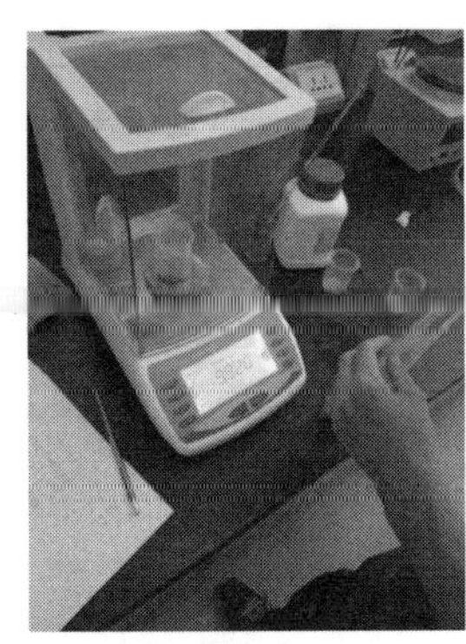

B. 用量筒量取两份 25 mL 纯水于烧杯中，各搅拌约 1 min，使土壤充分分散。静置 30 min 后用 pH 计测定 pH。

C. 将电极插入待测液中(注意电极不能触及烧杯底和烧杯壁)，轻轻摇动烧杯以除去电极上的水膜，使其快速平衡，记下稳定后的 pH。

D. 取出电极，用蒸馏水洗涤，然后用滤纸条吸干水分后，再进行另一个样品的测定。

4. 实验现象

测定试剂	第一次测定	第二次测定	温度/℃
缓冲标准液 1	3.97	3.96	28.5
缓冲标准液 2	6.88	6.87	28.5
缓冲标准液 3	9.24	9.23	28.5
样品 1	3.17	3.14	28.5
样品 2	3.26	3.27	28.5

5. 实验结果

本次所取土壤 pH 分别为：3.16，3.27。土壤属于强酸性土壤。

土壤剖面土样质地及土壤机械组成分析

土壤质地和 pH 分别用过 1 mm 筛孔的土壤、比重计法和过 2 mm 筛孔的土壤、电位法测定。

1. 实验背景与目的

土壤质地是根据土壤的颗粒组成划分的土壤类型。土壤质地一般分为砂土、壤土和黏土三类，其类别和特点主要是继承了成土母质的类型和特点，又受到耕作、施肥、排灌、平整土地等人为因素的影响，是土壤的一种十分稳定的自然属性，对土壤肥力有很大影响。

续表

通过实验测量了解岳麓山的土壤质地，为山上的植物、作物生长提供判断依据，合理安排区域农业活动，缓解人地矛盾。

2. 测定原理

经过分散处理的土粒在悬液中自由沉降，粒径不同，沉降速度不同，粒径越大，沉降越快。根据司笃克斯定律(即在悬液中沉降的土粒，沉降速度与其粒径平方成正比，而与悬液的黏滞系数成反比)，算出不同直径的土粒在水中沉降一定距离所需的时间，并用特制比重计测出土壤悬液中所含土粒(指小于某一级的土粒)的数量，即可确定土壤质地。

3. 比重计的使用

本次使用的比重计称作甲种比重计，比重计上有0~60的刻度数字，从中可以读出到0.1 g/L的小数。0以上为负值，0以下为正值。读取数字时，应以悬液面形成的上弯月面顶部与比重计刻度相切的数字，精确到十位数小数(0.1)。

4. 实验土壤样品仪器和试剂

(1)烘干土壤(岳麓山东坡79 m 28°12′N 112°56′E 淀积层土壤)

(2)甲种比重计、调温电炉、500 mL三角瓶、玻璃棒、小漏斗、搅拌棒、秒表、沉降筒(1000 mL量筒)、0.25 mm小铜筛、温度计、电子秤、烧杯

(3)0.5 mol/L NaOH溶液

5. 测定方法和步骤

(1)样品分散：①用电子天平称取过1 mm筛孔的土样50 g置于500 ml三角瓶中。

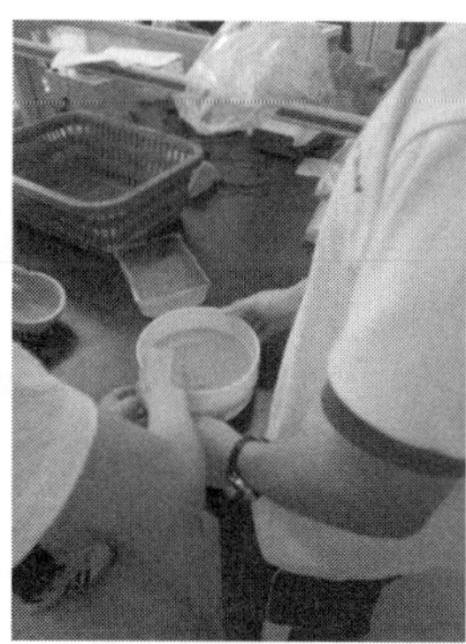

②加蒸馏水湿润土样，再加0.5 mol/L NaOH约40 mL，再加蒸馏水使三角瓶内的土液体积达250 mL。

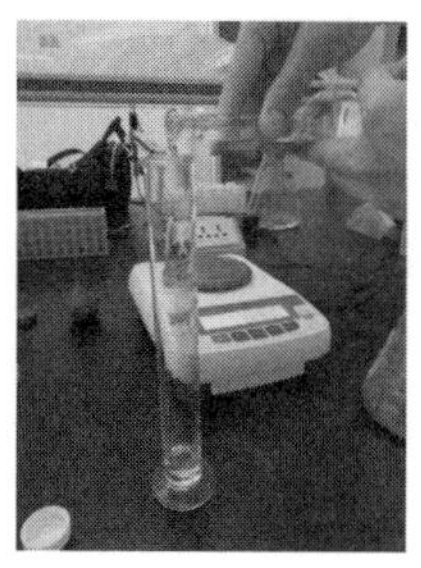

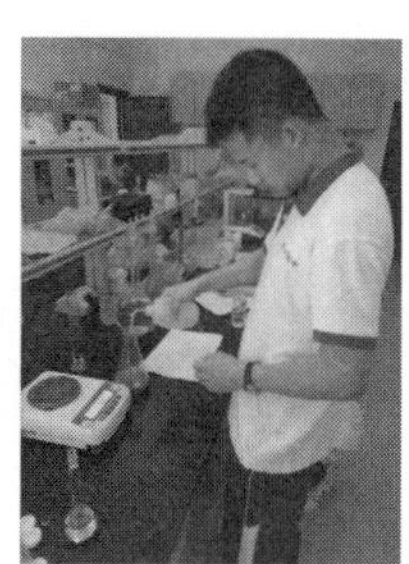

续表

③摇匀后静置20分钟，加热，经常摇动三角瓶，防止土粒沉积结块烧焦，保持沸腾半小时。

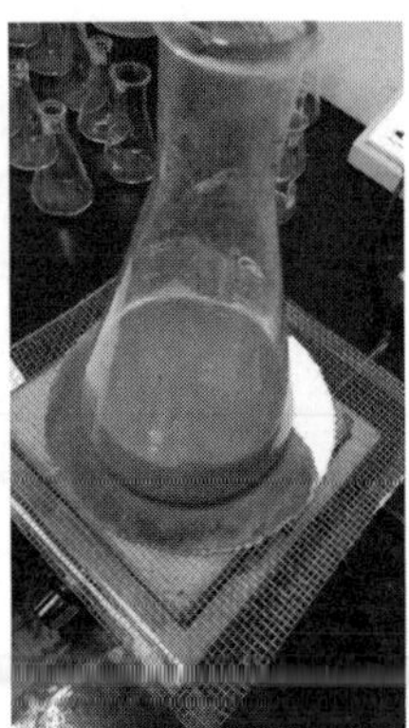

(2)制备悬液：将冷却后的三角瓶内的消煮液全部完好无损地移到1000 mL量筒中，往土液中加蒸馏水定容到1000 mL。

(3)测定悬液比重：用搅拌器搅拌悬液(上下30次)，并测定悬液温度、时间和粒径的关系(见下表)，选定测定比重读数的时间，提前30 s将比重计轻轻插入悬液中，到了选定时间马上读数，并在此测定悬液温度，此温差不超过0.5 ℃。

6. 测定值校正分散剂摩尔浓度

(1)分散剂(NaOH溶液 单位：g/L)=加入的分散剂的毫升数×分散剂摩尔浓度×分散剂的摩尔质量

(2)比重计读数的温度校正

7. 结果计算

比重计校正数=比重计的温度校正值-分散剂校正值

小于某级粒径土粒的含量(%)=校正后读数×100%/烘干土样重量

8. 结果记录表

粒径	时间	温度	比重计读数	温度校正值	校正后比重计读数	烘干土样重量	小于该粒径的百分含量
<0.01 mm	16:23	34 ℃					
<0.01 mm	16:41	33.5 ℃	19	5.2	24.2	50.02 g	46.8%

土壤质地介于黏土和砂土中间，兼有黏土和砂土的优点，通气透水，保水和保湿性能都比较好。

分析土壤组成对茶树生长的影响	本研究通过实地观测取样与实验室研究相结合，测定岳麓山土壤的质地和pH。结果表明：岳麓山土壤属于强酸性重壤土。红壤适宜种植茶树，重壤土质地均匀，通透性好。据试验，土壤酸碱值在4.0~5.5范围内最适宜茶树生长。茶树是酸性土指示植物之一，对土壤酸碱性的条件很敏感。而土壤的酸性值小于4.0则不适宜茶树生长。

第二节　桃花岭及梅溪湖国际新城片区研学考察

一、设计理念

研学旅行就是现代教育体制改革的增量试验田，是借由旅行而实现的无痕教育，其未来的发展终将指向人的全面发展。因地制宜开展高中地理研学实践活动，服务于国家与社会的价值导向，成就每一位学生，无疑是高中地理教育的特色转型之路。

二、地点概况

桃花岭是岳麓山的余脉，其成山地质过程复杂，地质和地理资源丰富，是一本地理野外的“活教科书”，可用于学生的高中自然地理知识的研学实践。梅溪湖片区由葡萄园转为建设用地，属于长沙城市化过程土地利用类型转化的典型区域，承载着未来城市新中心的复合型功能，是学生高中人文地理研学实践的试验田。

三、研学目标与适用学段

（一）适用学段

高中

（二）研学目标

本次研学实践内容囊括湘教版高中地理教材必修一第二章、第四章，必修二第二章，选择性必修一第二章、第四章的内容。围绕“岩石圈物质循环”“地表形态变化”“水循环”“陆地水体间的相互关系”等知识点展开。根据《普通高中地理课程标准（2017 年版）》规定，学生需要通过野外观察或运用视频、图像，识别、辨别砂岩和砾岩，分析岩石的形成过程，能在野外测量和分析地质构造的基本形态，能从城市景观的变化理解城市化的过程及城市化对地理环境的影响。在研学过程中要侧重对学生地理核心素养的培养，具体目标见表 6-5。

表 6-5　研学目标设置

核心素养	研学目标
区域认知	通过资料收集与实地考察，了解桃花岭的地理位置和梅溪湖片区的规划目标
地理实践力	实地调查和测量，分析桃花岭典型地貌的形成过程和梅溪湖城市化过程中的变化及其对地理环境的影响
综合思维	根据实地观测，运用所学地理知识分析研学途中遇到的地理现象
人地协调观	针对桃花岭旅游开发过程中的问题和梅溪湖片区城市化发展的问题提出人地协调发展的策略

四、前期准备

(一)知识储备

湘教版高中地理教材必修一第二章、第四章，必修二第二章，选择性必修一第二章、第四章的相关内容。

(二)组织形式

以小组为单位。

(三)工具准备

罗盘仪、地质锤、放大镜、电子地图。

(四)注意事项

在桃花岭研学过程中提醒学生穿长衣、长裤、长袜和平底球鞋，严禁站在悬崖边，严禁嬉戏打闹。

在梅溪湖国际新城片区研学过程中提醒学生注意机动车。

五、研学活动内容设计

(一)研学路线和时间安排

本次研学设计主要分为两大类，即以桃花岭研学考察为主的自然地理类研习和以梅溪湖国际新城片区考察为主的人文地理类研习。其中桃花岭研学考察时间安排和研学项目信息见表6-6，桃花岭的路线和点位信息见图6-2。

表6-6　研学时间安排和研学项目信息

时间	地点	学生活动
8:30-9:00	湖南师大附中梅溪湖中学	集合
9:00-10:30	六鹅岭	岩石、地质构造考察
10:30-11:30	桃花岭水库	地质灾害考察和水库考察
11:30-12:30	午餐(自备)	
12:30-13:00	步行前往梅溪湖路	
13:00-16:30	南岸居住小区、北岸金茂览秀城	居住小区和商业区考察
一周内	小组讨论完善活动记录单并完成综合实践类研习	
一周后	研学总结大会	小组展示设计成果

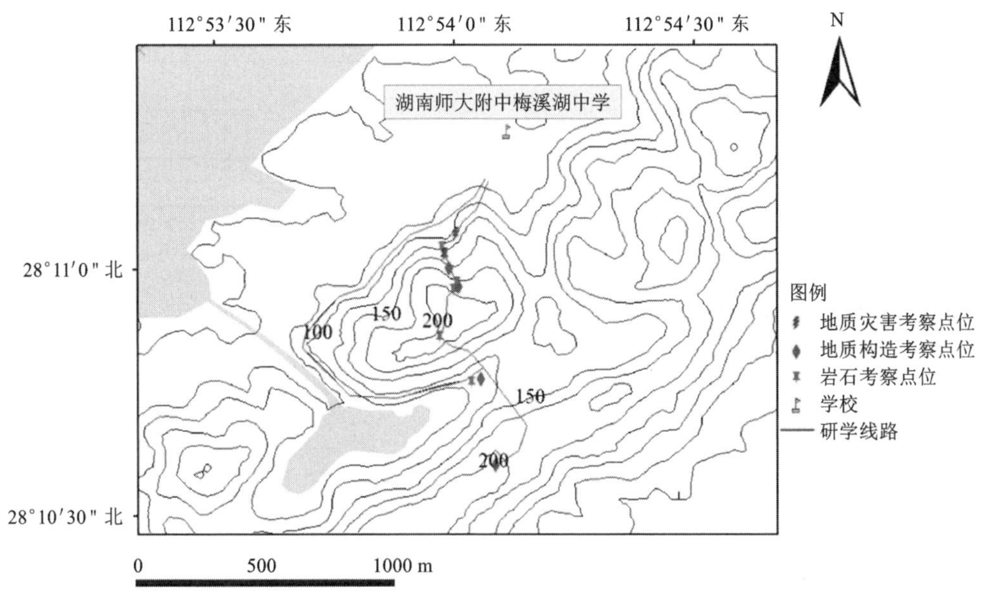

图 6-2 桃花岭的路线和点位信息(扫章首码查看本章彩图)

(二)研学具体活动内容

研学项目 1：桃花岭风景区六鹅岭自然地理考察

六鹅岭地质形成过程复杂，岩石和地质构造典型，有丰富的地学资源。因此，根据六鹅岭的地学资源特点设计岩石和地质的研学考察项目具有极大的教学意义。

<table>
<tr><td rowspan="3">研学目的</td><td>学生能区分砂岩和砾岩，解释典型岩石的形成过程</td></tr>
<tr><td>学生能利用地质工具测量岩石产状</td></tr>
<tr><td>学生能根据测量的岩层产状，分析典型地质构造的形成过程</td></tr>
<tr><td>具体点位
研学任务</td><td>①能区分不同类型的风化作用并掌握风化作用的影响
②掌握石英脉的形成过程及差异风化的概念
③学会使用罗盘测量该岩层的产状并掌握 X 型节理的形成过程
④辨别顺向坡和逆向坡，观察马刀树
⑤能运用所学高中地理知识分析峡谷地貌的形成过程</td></tr>
<tr><td>研学活动</td><td>通过师生对话、小组合作探究完成各点位的研学任务</td></tr>
<tr><td colspan="2">桃花岭山体公园位于梅溪湖片区南面，功能结构为“一轴一带六组团”，总面积为 4360 亩(1 亩≈666.7 m^2)。“一轴”即山脊观光轴，“一带”即环山游览带，“六组团”即洪寺庵水库休闲度假组团、腊八寺休闲组团、东入口及自然博物馆组团、麓溪峪度假组团、桃花谷文化组团和马鞍山果园观光组团</td></tr>
</table>

观察点位 1：根劈作用

方法：观察法			
教师活动	讲解根劈作用的概念		
图片	学生任务		
	任务 1	任务 2	任务 3
	目测根劈的深度	根劈属于哪一种风化作用？	分析根劈作用的影响

观察点位 2：石英脉

方法：利用放大镜等工具观察岩石			
教师活动	指出岩石中的石英脉，讲解石英脉的主要成分及性质		
学生任务			
任务 1	任务 2	任务 3	任务 4
圈出图中的石英脉 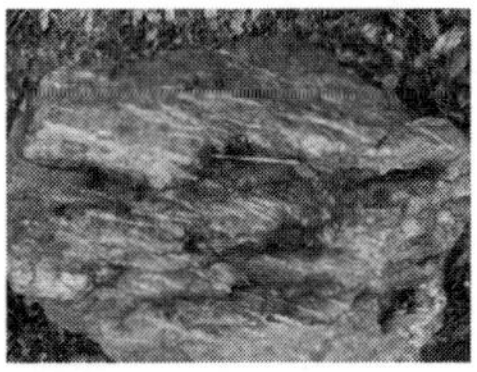	分析石英脉的形成过程	推测随着风化作用的增强该石头的变化	分析周围石头不存在石英脉的原因

观察点位 3：X 节理

方法：使用罗盘测量				
教师活动	讲授如何使用罗盘测量岩层产状和什么是 X 节理			
学生任务				
任务 1	任务 2			任务 3
绘制出图中的 X 节理 	倾角	倾向	走向	分析 X 节理的形成过程

观察点位 4：地质灾害隐患观察点

<table>
<tr><td colspan="3">方法:观察法</td></tr>
<tr><td>教师活动</td><td colspan="2">讲授什么是顺向坡、逆向坡及马刀树</td></tr>
<tr><td colspan="3">学生任务</td></tr>
<tr><td>任务 1</td><td>任务 2</td><td>任务 3</td></tr>
<tr><td rowspan="2">绘制顺向坡及马刀树的示意图</td><td>分析顺向坡地质灾害隐患大的原因</td><td>说明马刀树的形成原因</td></tr>
<tr><td></td><td></td></tr>
</table>

观察点位 5：桃花岭峡谷

<table>
<tr><td colspan="6">方法：使用罗盘测量</td></tr>
<tr><td>教师活动</td><td colspan="5">讲授大甘岭的岩层产状，指导学生测量六鹅岭的岩层产状，指导学生分析桃花岭的形成过程</td></tr>
<tr><td colspan="6">学生任务</td></tr>
<tr><td>任务 1</td><td colspan="4">任务 2</td><td>任务 3</td></tr>
<tr><td rowspan="3">用实线绘制峡谷的地表形态，用虚线补全峡谷处的地层。</td><td></td><td>倾角</td><td>倾向</td><td>走向</td><td>分析桃花岭峡谷的形成过程</td></tr>
<tr><td>已知点位 B</td><td>43°</td><td>南东 150°</td><td>240°</td><td rowspan="2"></td></tr>
<tr><td>观察地位 A</td><td></td><td></td><td></td></tr>
</table>

研学项目 2：桃花岭水库自然地理考察

潭影湖位于桃花岭景区山腰处，面积约 200 亩，是原洪寺庵水库改造而成的，沿湖修筑了 3 公里的亲水游步道，周围有几处预防地质灾害的护坡措施。水库湖面宽阔平静，和延绵的桃花岭山脉交相辉映，形成景区最具有特色的景观。

因此，在桃花岭水库周围以水库建设、湖陆风效应、滑坡问题及旅游规划为主题进行研学探究非常合适。

研学目的	①学生掌握水库修建的条件、通视问题和湖陆风的原理
	②学生能分析桃花岭多地质灾害的原因并评价防滑坡装置的优劣
	③学生能根据桃花岭的旅游开发现状，做出桃花岭的旅游规划
研学活动	通过师生对话、小组合作探究完成各点位的研学任务

研学点位 1：水库坝

任务一：根据等高线图，分析原洪寺庵水库的建造条件。

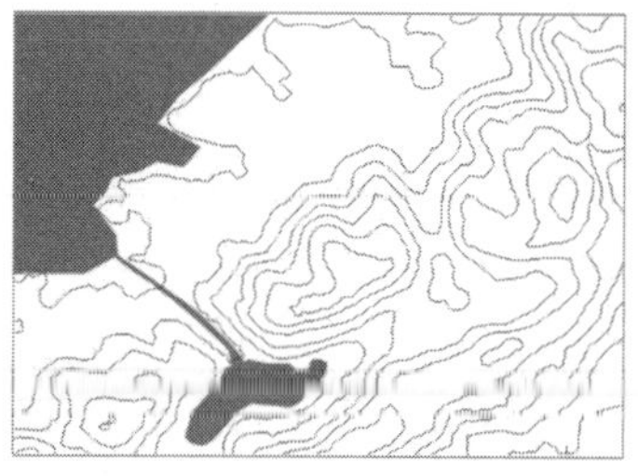

任务二：库区附近山坡地的通视问题。在水库周边能远眺到哪些景点？研学起点（湖南师大附中梅溪湖中学）是否在可视范围内？尝试在地图上标注出它们的大概位置，在图上画出视线范围。

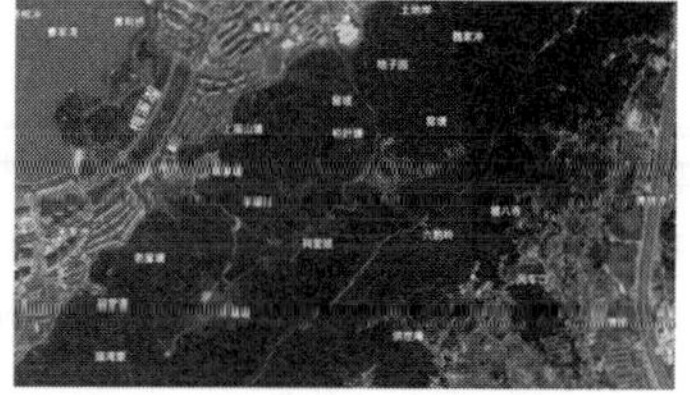

任务三：根据热力环流基本原理推测 13:00 的风向，绘出示意图。

研学点位 2：防滑坡装置（滑坡及防治，洪涝）

任务一：桃花岭滑坡事故频发的地理原因有哪些？

任务二：从水循环角度分析该设施的工作原理。这个措施的缺陷是什么？有何改进方案？

任务三：从水循环角度分析建设截洪道的意义。

研学点位 3：桃花岭西门入口处

任务一：采访工作人员、收集规划图和采访游客，分析现有的规划有什么优缺点。提出优化建议。

任务二：如果要在桃花岭布局一种商业，你建议布局哪种类型的商业？

研学项目 3：梅溪湖国际新城片区（一期）研学考察

研学目的	①学生能通过查找、阅读地图描述研学区域的地理位置、范围
	②学生能通过阅读图文资料，了解研学区域的历史变迁，体会和分析城镇化和城市发展的过程
	③学生能通过阅读图文资料和实地观察，分析湖泊的源流及水质状况，了解山水景观对城市建设发展的影响
	④学生能通过实地调查认识和了解绿色、低碳、宜居新城区（住宅小区）的开发、建设和管理现状，能运用城市规划原理和可持续发展观念评价城市绿色科学规划发展问题
	⑤学生能通过实地调查了解大型商业综合体的布局及经营状况，运用商业区位原理分析和解决现代商业科学合理布局和发展问题
研学活动	学生能通过阅读图文材料、自主探究和小组合作调查探究完成各点位的研学任务

研学点位 1：中餐处

原来的梅溪湖位于长沙市城乡接合部，地形上是一片低洼地，溪、河、湖、塘众多。梅溪湖国际新城是长沙河西先导区(湘江新区)开发的重点片区，总规划面积约 32 平方公里，东至西二环，西至雷锋镇，北起枫林路，南至桃花岭、象鼻窝。以三环线为界分为东(一期)、西(二期)两个片区。规划定位为“国家级绿色低碳示范新区，长沙未来城市中心”，主体功能定位为“国际服务和科技创新城”，包括国际文化艺术、国际商务、科技创新研发、国际会议会展、专家院士村、高端住宅等几大功能区。梅溪湖国际新城一期已经全面建成以 3000 亩湖泊为核心，涵括文化艺术中心、科技创新中心、商务楼宇、高档住宅等众多顶级业态的城市新区，是长沙的会客厅，商务、会展、科技创新中心，也是宜居胜地。规划用地约 14.7 平方公里，人口规模约 36 万人。

梅溪湖国际新城一期遥感地图(扫章首码查看彩图)

开发前的梅溪湖片区

初具雏形的梅溪湖国际新城一期

任务一：通过上网在长沙地图上找到梅溪湖国际新城一期，说明梅溪湖国际新城一期的位置特征，并画出梅溪湖国际新城一期的位置、范围示意图。

任务二：过去十多年间，梅溪湖片区(一期)的功能有什么显著变化？

研学点位2：梅溪湖南岸住宅小区

任务：分小组各自调查一个梅溪湖南部的住宅小区及其周边道路，通过观察、问卷、访谈、讨论等方式，了解梅溪湖国际新城在开发过程中(绿色低碳、生态宜居、交通商业配套等方面)的亮点和存在的问题，并提出对策和建议。

调查小区		调查时间		调查人员	
亮点	照片			内容	
亮点1					
亮点2					
亮点3					

问题	照片	存在问题及对策、建议
问题 1		
问题 2		
问题 3		

研学点位 3：梅溪湖湖滨

梅溪湖的第一要素是水，这座水上城市的一切诗篇都围绕水而展开。面积为 3000 亩的波光潋滟的湖面，是国际新城的中心。多元化的商务区、文化区、住宅区围绕着梅溪湖依水而建，梅溪湖滨水区具有经济、居住、环境、景观、休闲、文化等多种功能。与梅溪湖配套的还有桃花岭山体公园、梅岭公园、体育公园、麓松公园、梅溪湖人工湿地公园 5 大公园。

任务一：梅溪湖是一个人工湖，分析梅溪湖及周边 5 大公园对梅溪湖国际新城开发的重要意义。

任务二：梅溪湖的水从哪里来？往哪里去？梅溪湖的水质如何？

研学点位 4：梅溪湖北岸金茂览秀城

长沙金茂览秀城地处梅溪湖一线核心位置，毗邻梅溪湖国际文化艺术中心。周边配套喜达屋豪华精选酒店、金茂府豪宅以及高端写字楼，与地铁 2 号线无缝对接，是长沙商业领域对城市人居理念和生活方式的一次革新，更是重新定义商业新中心的城市级大规划。凭借国际化的设计规划、标志性的美陈设置等，迅速成为长沙市商业典范及梅溪湖商圈的标志性商业购物中心。

任务：分小组选择金茂览秀城的某一种商业业态，通过观察、问卷、访谈等方式获取典型店铺的布局、经营等一手资料，总结其成功之处，发现问题并提出建议。

<table>
<tr><td>调查的商业业态</td><td></td><td>调查时间</td><td></td><td>调查人员</td><td></td></tr>
<tr><td>店铺名称</td><td colspan="2">成功之处及原因</td><td colspan="2">问题及原因</td><td>对策建议</td></tr>
<tr><td></td><td colspan="2"></td><td colspan="2"></td><td></td></tr>
</table>

六、研究评价与总结

研学结束后，评价可以有定性和定量两个维度。其中定性指学生可以用多种形式呈现成果和交流成果：如展示型的成果有结题论文、实践体验、考察反思之类的文案写作；如制作型的成果有板报、方案等设计作品；如推广型的成果有美篇、演示文稿等宣传作品。定量评价的标准主要从学生作品的完成度、完整性和影响程度来评价。

第三节　裕湘纱厂研学旅行路线设计与实践

一、设计理念

研学旅行是一种有效的素质教育方式，有利于让学生直面更真实、更丰富的世界，顺应了教学方式改革的需要。研学旅行实践活动，能培养学生收集和获取地理信息的能力，提高学生运用知识探究地理问题的能力及团队协作的能力，帮助学生树立正确的审美和人地协调观，落实对区域认知和综合思维的培养，最终实现提升地理实践能力的培养目标。

二、地点概况

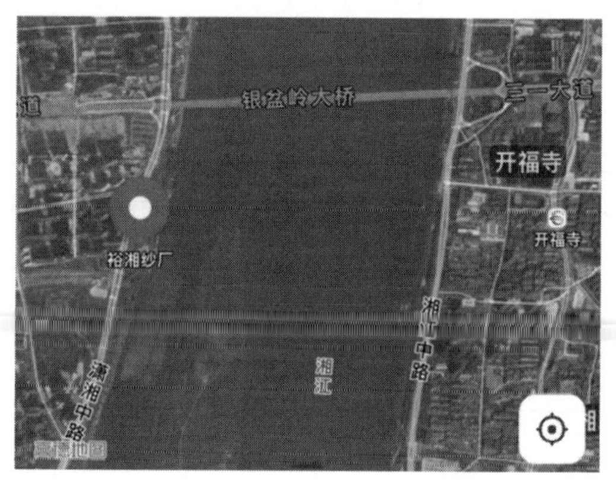

图 6-3　裕湘纱厂区位图

裕湘纱厂，曾用名经华纱厂、湖南第一纱厂，位于湖南省长沙市潇湘北路，湘江西畔，与傅家洲隔水相望。始建于1912 年，是长沙轻工业发展的重要项目工程之一。2009 年，长沙市政府重修裕湘纱厂，并作为景点对外开放供市民参观。裕湘纱厂地理位置独特，沿岸有典型流水地貌以及亚热带植被，且能够较好地凸显出河陆风现象，能帮助学生考察生活中的自然地理。周边区域分布有住宅区、商业区和休闲区，有助于学生了解城市空间发展布局，树立学生的人地协调观念。因此，选择此地作为地理野外考察的地点，能让学生根据所学知识描述景观以及地理现象，培养学生的综合思维和地理实践能力。裕湘纱厂区位图见图 6-3。

三、研学目标与适用学段

（一）适用学段

高中

（二）研学目标

本次研学实践内容囊括湘教版高中地理教材必修一第二章、第三章和第五章，必修二第三章、第四章的内容，围绕“流水地貌”“热力环流”“植被与自然环境”等知识点展开。根据《普通高中地理课程标准（2017 年版）》规定，学生需要通过野外观察或运用视频、图像识别流水地貌，描述景观的主要特点；识别主要植被，说明其与自然环境的关系；需要运用示意图等说明热力环流的原理，并解释相关现象。三部分的知识点要求突出对地理实践能力的培养，因此，教师在教学过程中不仅要注重知识的讲授，还要加强野外实践的考察。研学目标设置见表 6-7。

表 6-7　研学目标设置

核心素养	研学目标
区域认知	通过资料收集与实地考察，了解裕湘纱厂的地理位置、发展情况及其因地制宜开发的依据
地理实践能力	实地考察，观察裕湘纱厂周围的景观和地理现象；通过小组合作完成研学活动素材收集整理、研学汇报总结等任务
综合思维	结合网络及实地考察获取的文字、图片材料，从时间和空间两个维度综合分析裕湘纱厂的发展和演变问题
人地协调观	借助考察周边的楼盘和商业体发展，分析区位因素、市场等对城市空间布局和经济发展的影响，以及人类采取的响应措施

四、前期准备

（一）知识储备

湘教版高中地理教材必修一第二章、第三章、第五章，必修二第三章、第四章的相关内容。

（二）组织形式

研学活动开始前，教师将全班学生进行分组，每组至少六人，每个小组选一名组长负责签到等事宜，各小组成员按活动记录单进行分工，研学过程中以小组为单位进行活动。

（三）工具准备

测高仪、测距仪、罗盘、小旗子、绘图工具、纸、笔等。

（四）交通方式

学校租用大巴车，教师和学生集体乘坐大巴车到达裕湘纱厂遗址。

（五）注意事项

（1）裕湘纱厂位于道路旁，车辆较多，提醒学生不要在路边奔跑打闹；
（2）裕湘纱厂位于江畔，且有来往船只，提醒学生不要在水边嬉戏玩耍。

五、研学活动内容设计

（一）研学路线和时间安排

本次研学设计主要分为三大类，即自然地理类研习、人文地理类研习以及综合实践类研习，共设计七小项：一是在裕湘纱厂大门进行气象气候考察；二是在游艇码头进行地形地貌考察；三是在湘江西畔进行植被景观考察；四是在保利·西海岸等小区进行考察；五是在奥克斯广场和保利综合体商城进行区位选择考察；六是对裕湘纱厂的创办条件进行考察；七是对裕湘纱厂的蜕变重生进行考察。研学时间与地点安排见表6-8。研学路线见图6-4。

表6-8　研学时间安排

时间	地点	考察内容
8:30-9:00	裕湘纱厂大门	气象气候考察
9:00-10:30	游艇码头	地形地貌考察
10:30-11:30	湘江西畔	植被景观考察
11:30-12:30	午餐(自备)	
12:30-13:00	步行前往保利·西海岸等小区	
13:00-14:30	保利·西海岸等小区	居住小区考察
14:30-15:00	步行前往奥克斯广场和保利综合体商场	
15:00-17:00	奥克斯广场、保利综合体商场	商业小区考察
一周内	小组讨论完善活动记录单并完成综合实践类研习	
一周后	研学总结大会	小组展示设计成果

图6-4　研学路线(扫章首码查看彩图)

（二）研学具体活动内容

1. 自然地理类研习

（1）考察点 A——裕湘纱厂大门（气象气候考察）

裕湘纱厂地处湘江西畔，东面紧邻湘江，西侧临近潇湘大道以及保利·西海岸等大型居住小区，人流密集，河陆风明显。

图 6–5　裕湘纱厂大门

因此，将裕湘纱厂作为本次研学活动中气象气候考察的代表。学生能通过实地参观裕湘纱厂，观察手中小红旗的飘动方向，深化对热力环流的认识。裕湘纱厂大门见图 6–5。

研习目的	学生能够说出红旗飘动的方向以及热力环流原理
	学生能够用绘图的方式制作此时的热力环流图
	学生能够推导出夜间红旗飘动的方向并绘图示意
教学设计	在教师的带领下高举手中的小红旗，观察红旗飘动的方向，回顾学过的热力环流的知识，结合红旗飘动的原理，推导出夜间红旗飘动的方向
教学活动	对班级同学进行分组，每六人一个小组，在裕湘纱厂大门处对风向进行分析；根据分析内容，小组进行讨论，共同完成学习活动记录单

考察点 A——裕湘纱厂大门活动记录单	
小组名称：	小组成员：
1. 热力环流的原理	
2. 此时的热力环流示意图	
3. 夜间红旗飘动示意图	

(2)考察点B——游艇码头(地形地貌考察)

图6-6　游艇码头

游艇码头位处于湘江西岸，原为裕湘纱厂货运码头，后经政府修葺改为游艇码头。

游艇码头所在地西侧为典型的河流阶地，向东可见位于湘江河段的江心洲——傅家洲，远眺东北角观察船只在湘江的行船方向可以区分湘江的主航道，学生可以通过亲眼所见思考上述现象产生的原因及造成的影响。

因此，将游艇码头作为本次研学活动中地形地貌考察的代表。学生可以通过实地参观游艇码头，了解流水堆积地貌、流水侵蚀地貌的形成和影响，深化对地形地貌的认识。游艇码头见图6-6。

研习目的	学生能够描述此处的流水地貌类型
	学生能够描述此种流水地貌的形成原因
	学生能判断湘江主航道的变化情况，并分析其影响
教学设计	观察裕湘纱厂码头，分析此处是何种流水地貌，以及这种流水地貌的形成原因。观察船只的往来情况，思考此处湘江主航道是否发生了变化。如果发生了变化，会带来怎样的影响
教学活动	对班级同学进行分组，每六人一个小组，在游艇码头处观察地貌特点；根据分析内容，小组进行讨论，共同完成学习活动记录单

考察点B——游艇码头活动记录单		
小组名称：	小组成员：	
1. 流水地貌		
实地照片	地貌类型	形成原因
2. 湘江航道		
变化情况	变化原因	影响

(3)考察点 C——湘江西畔(植被景观考察)

长沙地处亚热带季风气候区，夏季高温多雨，冬季温和少雨，植被景观多为亚热带常绿阔叶林。湘江西畔走道作为长沙的沿江风光带，所在地周边无高楼阻挡，光照充足，临近水源，泥沙沉积，土壤肥沃，自然环境适宜植物生长。由于该地为市民的休闲娱乐场所，政府人为栽种了大量景观植被并定期打理，植被类型丰富多样。

因此，将湘江西畔作为本次研学活动中植被景观考察的代表。学生可以通过实地观察植物，收集相关资料，了解植被的基本特征和生长习性，深化对大自然的了解。

<table>
<tr><td rowspan="2">研习目的</td><td>学生能够描述植被的基本特征</td></tr>
<tr><td>学生能够根据当地环境特征分析植被的习性、长势等</td></tr>
<tr><td>教学设计</td><td>观察河畔的植被，从较大尺度的地域位置分析此处的植被类型；根据局部自然环境对植被的影响描述植被的习性、长势等，厘清自然环境与植被之间的相互关系</td></tr>
<tr><td>教学活动</td><td>对班级同学进行分组，每六人一个小组，在湘江西畔观察植被特点；根据分析内容，小组进行讨论，共同完成学习活动记录单</td></tr>
</table>

<table>
<tr><td colspan="3">考察点 C——湘江西畔活动记录单</td></tr>
<tr><td colspan="2">小组名称：</td><td>小组成员：</td></tr>
<tr><td colspan="3">植被 1</td></tr>
<tr><td rowspan="3">植被简介</td><td>名称：</td><td rowspan="3">实地图片：</td></tr>
<tr><td>类型：</td></tr>
<tr><td>科名：</td></tr>
<tr><td rowspan="3">特点分析</td><td>茎/枝：</td><td rowspan="3">分布原因：</td></tr>
<tr><td>叶子：</td></tr>
<tr><td>果实：</td></tr>
<tr><td colspan="3">植被 2</td></tr>
<tr><td rowspan="3">植被简介</td><td>名称：</td><td rowspan="3">实地图片：</td></tr>
<tr><td>类型：</td></tr>
<tr><td>科名：</td></tr>
<tr><td rowspan="3">特点分析</td><td>茎/枝：</td><td rowspan="3">分布原因：</td></tr>
<tr><td>叶子：</td></tr>
<tr><td>果实：</td></tr>
</table>

2. 人文地理类研习

(1)考察点 D——保利·西海岸等小区(居住小区考察)

裕湘纱厂附近小区众多，新旧小区类型分布齐全。保利·西海岸等小区靠近湘江，江景房风景独好，临近潇湘大道，交通便利，小区入住率较高，配套设施齐全，可走访的业主较多。

因此，将保利·西海岸等小区作为本次研学活动中居住小区考察的代表。学生可通过实地观察楼栋布局，走访业主和物业公司，了解房屋布局的原因和优缺点，强化区域空间概念。保利·西海岸等小区见图 6-7。

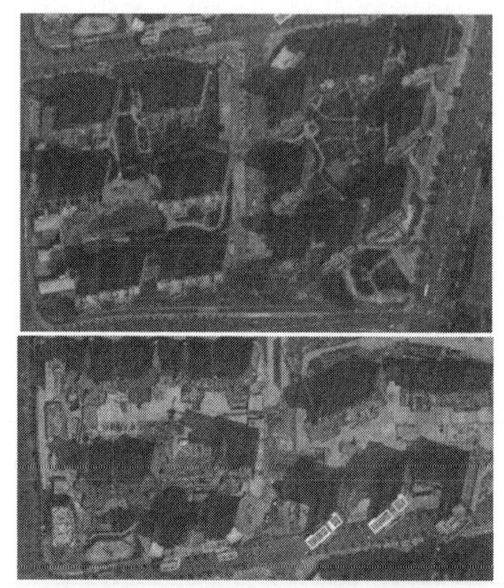

图 6-7 保利·西海岸等小区

研习目的	学生能分析房屋的朝向及其原因
	学生能计算房屋楼间距并讲述不同季节的房屋光照情况
	学生能基于周边房屋布局的弊端提出合理的建议和改进措施
教学设计	裕湘纱厂周边地区的房屋走向如何？如此布局有何优缺点？不同类型小区的楼高与房屋间距有何特点？尝试计算居民采光权能否得到满足。(住宅楼房间距应该保证被遮挡的住宅建筑底层向阳的窗户在大寒至冬至日至少有一小时的满窗日照时间)
教学活动	对班级同学进行分组，每六人一个小组，观察裕湘纱厂周边地区房屋布局和朝向，分析这种布局方式的优缺点。根据分析内容，小组进行讨论，共同完成学习活动记录单

考察点 D——保利·西海岸等小区活动记录单		
小组名称：	小组成员：	
1. 房屋朝向及布局		
布局情况	布局原因	优缺点分析
2. 房屋楼间距		
楼高： 楼间距：	夏季光照情况	冬季光照情况
3. 优化建议		

(2)考察点E——奥克斯广场、保利综合体商城(商业小区考察)

奥克斯广场定位为一站式综合品质性购物中心，由百货、超市、精品电器、主题餐饮、写字楼等组成，集购物、餐饮、娱乐、商务等于一体。保利综合体商城为保利小区的众多临街铺面组成，种类繁多，多为便利店、蔬果店、洗衣房、药店等，出售类型以生活必需品居多，二者对比考察有利于让学生了解不同区位、不同商业模式的优缺点，学习商业的区位选择。

因此，将奥克斯广场和保利综合体商城作为本次研学活动中商业小区考察的代表。学生可以通过实地考察进行比较分析，深化对产业区位选择的认识。

研习目的	学生能够分析商业综合体的地理位置及布局原因
	学生能够对不同商业综合体进行对比分析
	学生能够根据目前的商业综合体发展情况提出优化建议
教学设计	奥克斯广场和保利综合体商场在地理位置上存在共同特点与不同点，结合商场特点分析其布局原因。在二者距离如此接近的情况下，二者是否形成了强烈的竞争关系？二者是怎样保证客源充足的
教学活动	对班级同学进行分组，每六人一个小组，实地走访调研两大商业综合体。根据调研内容，小组进行讨论，共同完成学习活动记录单

考察点E——奥克斯广场、保利综合体商城活动记录单		
小组名称：		小组成员：
	奥克斯广场	保利综合体商场
实地照片		
地理位置		
布局原因		
优劣分析		
发展建议		

3. 综合实践类研习

(1)裕湘纱厂的“前世今生”

研习目的	学生能综合描述裕湘纱厂的区位条件
	学生能根据交通区位因素分析货物运输状态和码头布局
	学生能够运用综合思维，为裕湘纱厂的规划建言献策
教学设计	结合亲身体会，形成关注身边地理事物的观念，做到知识的迁移，用知识联系生活，让学生在主动探索中掌握知识，培养学生分析问题、解决问题的能力
教学活动	对班级同学进行分组，每六人一个小组，进行资料的搜集探讨。根据调研内容，小组进行讨论，共同完成学习活动记录单

【裕湘纱厂的“前世”】

一、工厂选址

(一)湖南的主要产棉区为湘北地区(常德安乡、石门、澧县，益阳南县，岳阳华容及君山区等)，裕湘纱厂为什么选址在长沙呢?

(二)20世纪80年代前，这一带除了裕湘纱厂之外全是荒山、菜地、稻田。吴作霖等人为何要将厂址选在此处?

二、货物运输

裕湘纱厂的棉花从常德石门等地购入，并以“君山牌”和“岳麓牌”分别销往省内和省外。假如你是常德石门的供货商，你会如何运输你的棉花?

三、码头布局

读图并结合实地考察情况，思考裕湘纱厂在此建厂设立码头的优缺点。

【裕湘纱厂的“今生”】

城市规划

文夕大火后，长沙的历史遗迹被毁于一旦。裕湘纱厂在原址上重建。目前，裕湘纱厂作为保留较好的工业旧址，被长沙市列为文物保护单位。假如你是一名城市规划师，你会怎么做让裕湘纱厂重新焕发活力?

(2)利用所学知识，结合实地考察情况和相关资料，自行设计地理试题。

六、研究评价与总结

(一)研学成果评估

本次研习成果形式为 7 项学习活动记录单以及活动汇报两大部分。学生汇报应注意以下几点：①分组汇报；②汇报内容包括 7 个研学点的知识，具体应包括小组现场照片、现场笔记、搜集的文件素材等研学佐证资料、设计方案草图及相关原理、研学讨论过程资料、研学结论、研学收获、组内成员分工等内容；③汇报形式包括但不限于 PPT 讲演、研习报告或研习活动单展示等方式。

评价标准采取教师定性与定量指标相结合的模式，综合参考小组成果的知识正确性、作品完成度、创新性、合作参与度、美观度等指标进行评价。

(二)研学课程评估

研学课程结束后，从过程和结果两方面对智力与非智力因素进行评价，能从不同角度体现提升地理核心素养的研学目标。评价主体包括学生自评、小组成员互评和教师评价，其中小组自评权重 15%，小组互评权重 15%，教师评价权重 70%。

附件：
优秀学生研学案例展示

一、自然地理类研习

(一)考察点 A——裕湘纱厂大门(气象气候考察)

考察点 A——裕湘纱厂大门活动记录单	
小组名称：略	小组成员：略
1. 热力环流的原理	由于地表冷热不均而形成的空气环流
2. 此时的热力环流示意图	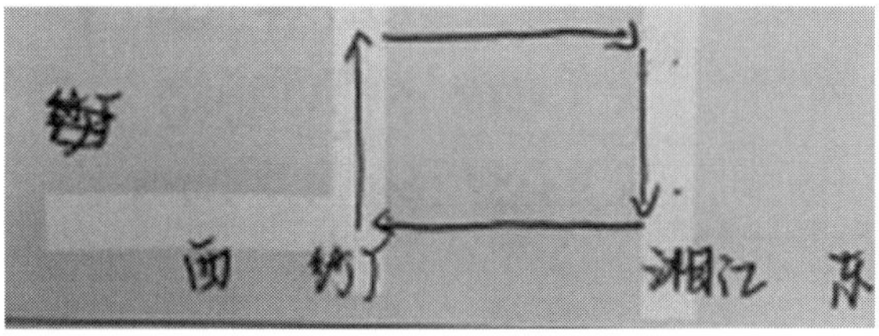

3. 夜间红旗飘动示意图	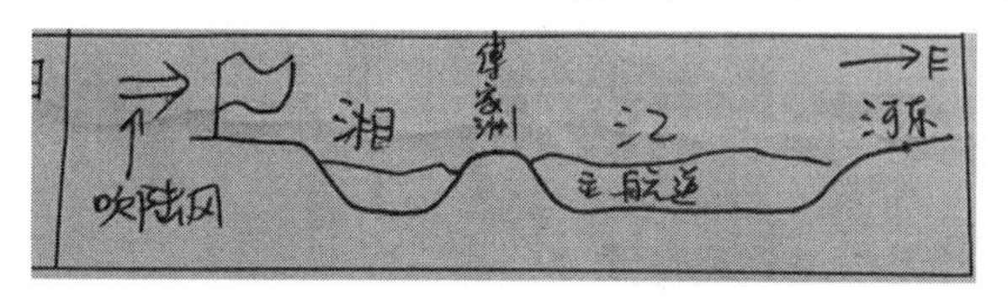

（二）考察点 B——游艇码头（地形地貌考察）

考察点 B——游艇码头活动记录单		
小组名称：略	小组成员：略	
1. 流水地貌		
实地照片 	地貌类型 （1）流水堆积地貌（傅家洲） （2）河流阶地	形成原因 （1）江面宽阔，河流流速减慢，泥沙沉积 （2）因泥沙沉积形成河漫滩，后由于地壳上升，河流下切侵蚀作用形成小洲
2. 湘江航道		
变化情况 以银盆岭大桥为界，由南往北，湘江主航道由东向西偏移	变化原因 湘江流向自南向北，受地转偏向力的影响，东岸为侵蚀岸，水深。银盆岭大桥以北，浏阳河于东侧汇入湘江造成流水堆积，导致西岸更适合航行	影响 （1）古代，湘江东岸码头多，商业经济发达 （2）湘江航道变化利于裕湘纱厂运输货物

（三）考察点 C——湘江西畔（植被景观考察）

考察点 C——湘江西畔		
小组名称：略	小组成员：略	
植被 1		
植被简介	名称：桂花树	实地图片：
	类型：乔木	
	科名：木犀科	

<table>
<tr><td rowspan="3">特点
分析</td><td>茎/枝：黄褐色，无毛</td><td rowspan="3">分布原因：
长沙地处亚热带季风气候区，年降水量大且温度适宜；江边多泥沙沉积，土壤肥沃</td></tr>
<tr><td>叶子：革质，椭圆形</td></tr>
<tr><td>果实：紫黑色，椭圆形</td></tr>
<tr><td colspan="3">植被 2</td></tr>
<tr><td rowspan="3">植被
简介</td><td>名称：风轮菜</td><td rowspan="3">实地图片：</td></tr>
<tr><td>类型：草本</td></tr>
<tr><td>科名：唇形科</td></tr>
<tr><td rowspan="3">特点
分析</td><td>茎/枝：红褐色，有纤毛</td><td rowspan="3">分布原因：
位处江边，水源充足；无高大树木遮挡，阳光充足</td></tr>
<tr><td>叶子：有纤毛</td></tr>
<tr><td>果实：无</td></tr>
</table>

二、人文地理类研习

（一）考察点 D——保利·西海岸等小区

<table>
<tr><td colspan="3">考察点 D——保利·西海岸等小区活动记录单</td></tr>
<tr><td>小组名称：略</td><td colspan="2">小组成员：略</td></tr>
<tr><td colspan="3">1. 房屋朝向及布局</td></tr>
<tr><td>布局情况
沿江楼栋：南偏东 40°
内部楼栋：南偏东 15°
楼栋间整体呈交错分布</td><td>布局原因
(1) 太阳东升西落
(2) 传统风水观念
(3) 房地产商希望尽可能多地利用土地</td><td>优缺点分析
优点：
(1) 能最大限度地利用土地
(2) 充分利用江景资源，环境优美
(3) 坐南朝北，舒适
缺点：
(1) 楼栋交错，不利于通风
(2) 临江，过于潮湿
(3) 靠近马路，嘈杂</td></tr>
<tr><td colspan="3">2. 房屋楼间距</td></tr>
<tr><td>楼高：
86～140 m 不等
楼间距：
69 m</td><td>夏季光照情况
合格</td><td>冬季光照情况
经核算，非沿江楼栋光照条件不达标，冬至日底层住户阳光普遍不足</td></tr>
<tr><td colspan="3">3. 优化建议</td></tr>
<tr><td colspan="3">(1) 完善小区基础设施建设
(2) 尽可能减少楼栋间的遮挡物，保障房屋光照
(3) 为沿江楼栋提供除湿设备，保障房屋干燥</td></tr>
</table>

（二）考察点E——奥克斯广场、保利综合体商城（区位布局考察）

考察点E——奥克斯广场、保利综合体商城活动记录单		
小组名称：略	小组成员：略	
	奥克斯广场	保利综合体商场
实地照片		
地理位置	岳麓区岳麓大道57号	环保利·西海岸、保利·天禧等小区
布局原因	（1）距离老旧小区较近，消费群体大 （2）内部多为平价店铺，消费水平低 （3）临近地铁站和交通干线，交通发达	（1）距离小区正门近，方便业主消费 （2）相比大型商业广场，租金相对便宜
优劣分析	优：中低端产业居多，消费群体大 劣：（1）无特色产业、品牌，顾客容易流失 （2）对高档商品没有吸引力	优：位置便捷，人流量大 劣：消费人群固定，影响力小
发展建议	（1）通过招商吸引更多平价店铺，同时注意平衡 （2）提升服务品质，打造自身品牌，吸引客源	（1）加大宣传力度，扩充客源 （2）多开售卖贴近日常所需用品的店铺，如便利店

三、综合实践类研习

（一）裕湘纱厂的“前世今生”

【裕湘纱厂的“前世”】

一、工厂选址

（一）湖南的主要产棉区为湘北地区（常德安乡、石门、澧县，益阳南县、岳阳华容及君山区等），裕湘纱厂为什么选址在长沙呢？

（1）交通：临近湘江、交通便捷；

（2）劳动力：作为机械工厂，长沙技术人才多；

（3）市场：长沙人口多，需求量大，市场广阔；

（4）历史：长沙工业基础雄厚，基础设施更加完善。

（二）20世纪80年代前，这一带除了裕湘纱厂之外全是荒山、菜地、稻田。吴作霖等人为何要将厂址选在此处？

（1）远离市中心，地价便宜；

（2）临江，水运便利；

（3）能带动河西经济发展。

二、货物运输

裕湘纱厂的棉花从常德石门等地购入，并以“君山牌”和“岳麓牌”分别销往省内和省外。假如你是常德石门的供货商，你会如何运输你的棉花？

古代：水运；现代：公路、铁路。

三、码头布局

读图并结合实地考察情况，思考裕湘纱厂在此建厂设立码头的优缺点。

优点：

(1)地价低廉，成本较低；

(2)远离城区，位于河流下游，污染较小；

(3)靠近湘江主航道，交通便利，港深水阔。

缺点：

(1)位置偏僻，劳动力通勤不便；

(2)横流影响，行船有一定危险性。

【裕湘纱厂的“今生”】

城市规划

文夕大火后，长沙的历史遗迹被毁于一旦。裕湘纱厂在原址上重建。目前，裕湘纱厂作为保留较好的工业旧址，被长沙市列为文物保护单位。假如你是一名城市规划师，你会怎么做让裕湘纱厂重新焕发活力？

(1)宣传裕湘纱厂的故事，发展旅游业；

(2)利用遗留的办公楼以及靠近金融中心的地缘优势，在不破坏原有风貌的前提下，改造为其他功能性建筑；

(3)完善基础设施建设，加强交通便捷度；

(4)加强对外宣传，提升裕湘纱厂的影响力，扩大消费群体。

(5)进行政策保护，定期维护。

(二)利用所学知识，结合实地考察情况和相关资料，自行设计地理试题。

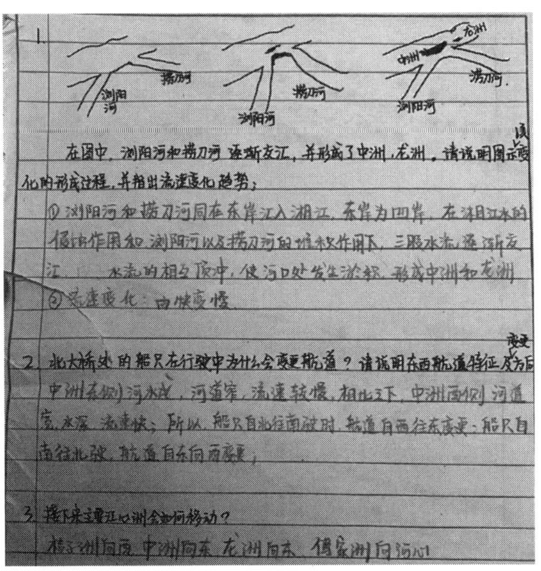

1. 在图中，浏阳河和捞刀河逐渐交汇，并形成了中洲、龙洲。请说明图示演变的形成过程，并指出流速变化趋势；

① 浏阳河和捞刀河同在东岸汇入湘江，东岸为凹岸，在湘江水的侵蚀作用和浏阳河以及捞刀河的堆积作用下，三股水流逐渐交汇，水流的相互顶冲，使河口处发生淤积，形成中洲和龙洲

② 流速变化：由快变慢

2. 北大桥处的船只在行驶中为什么会变更航道？请说明东西航道特征及方向变更

中洲东侧河水浅，河道窄，流速较慢，相比之下，中洲西侧河道宽，水深，流速快；所以，船只自北往南驶时，航道自西往东变更；船只自南往北驶，航道自东向西变更；

3. 接下来这些江心洲会如何移动？

橘子洲向西　中洲向东　龙洲向东　傅家洲向河心

第四节　橘子洲研学旅行路线设计与实践

一、设计理念

地理学是研究地理环境以及人类活动与地理环境关系的科学，高中地理课程旨在使学生学会从地理视角认识和欣赏自然与人文环境，懂得人与自然和谐共生的道理。研学旅行让学生走进真实的地理环境中，在真实复杂的情境中运用地理知识探究地理问题，有利于地理学科核心素养落地，尤其是培养学生的地理实践能力，体现了地理学科的育人价值。

二、地点概况

橘子洲位于湘江长沙段江中，是湘江下游众多冲积沙洲中面积最大的沙洲。清朝时橘子洲“望之若带，实不相连”，分为上、中、下三洲，上洲为牛头洲，中洲为水陆洲，下洲为傅家洲。至民国年间，上洲和中洲连成一片。长沙人开垦这片沙洲上的沃土，种植柑橘，所产柑橘远销外地，所以称之为橘子洲。橘子洲为典型的河流沉积地貌，可让学生将书本上的地貌知识落到实处。1925 年，毛泽东同志在橘子洲写下了《沁园春・长沙》，橘子洲因此名声大振。1960 年，开始修建橘洲公园，公园建成后经历了提质改造、摘牌、复牌等事件。橘子洲具有独特的自然景观，拥有近代历史特色，在这里，自然和人文巧妙地融合在了一起。橘子洲的旅游地理、历史地理具有很大的研究价值，有助于学生落实人文地理知识。因此，选择橘子洲为野外考察地点，能让学生根据所学知识，描述地理景观，探究地理现象，落实综合思维和地理实践能力的培养。

三、研学目标与适用学段

(一) 适用学段

高中

(二) 研学目标

本次研学实践内容包含湘教版高中地理教材选修一第二章、必修二第三章、选修三、选修五的相关内容，围绕“流水地貌”“洪涝灾害”“旅游地理”等知识点展开。根据《普通高中地理课程标准》(2017 年版，2020 年修订) 规定，学生能够结合实例，解释内力和外力对地表形态变化的影响，并说明人类活动和地表形态的关系；结合实例，说明服务业的区位因素；分析洪涝等气象灾害的成因和危害，列举适当的应对方法和应急措施；结合实例评价旅游资源的开发条件，分析旅游目的地和旅游客源地之间的关系。这些内容都要求结合实例探究，突出对地理实践能力的培养，因此教师在教学过程中不仅要注重知识的讲授，还要加强野外实践的考察。研学目标设置见表 6-9。

表 6-9　研学目标设置

核心素养	研学目标
区域认知	通过资料收集与实地考察，了解橘子洲的位置特征，分析橘子洲及湘江的自然环境特征及历史变迁
地理实践能力	实地考察，观察橘子洲的自然地理环境，分析橘子洲及湘江洪涝灾害的成因；通过小组合作完成人文地理研学活动的素材收集整理、研学汇报总结等任务
综合思维	结合网络及实地考察获取的文字、图片材料，从时间和空间两个维度综合分析橘子洲的演变过程及橘子洲景区的发展过程。
人地协调观	通过考察橘子洲防洪措施及旅游设施，分析景区开发与保护之间的关系。

四、前期准备

(一) 知识储备

湘教版高中地理教材选修一第二章、必修二第三章、选修三、选修五的相关内容。利用 GPS 工具箱等观察橘子洲的形态特征、湘江橘子洲段上下游河流的特征并测量橘子洲在湘江中的位置；了解橘子洲的开发历史；了解旅游交通工具及路线设计的一般原则。

(二) 组织形式

研学活动开始前，教师将全班学生进行分组，每组五到六人，每个小组选一名组长负责签到、组织等事宜，各小组成员按野外实践观测表进行分工，研学过程中以小组为单位进行活动。

(三) 工具准备

手机(安装 GPS 工具箱)、铲子、土袋、标签、绘图工具、纸、笔等。

(四) 交通方式

乘坐地铁前往橘子洲。

(五) 注意事项

橘子洲四面环水，且有来往船只，要提醒学生不要在水边嬉戏玩耍。且橘洲公园面积较大，学生要集体行动，防止走散，并注意时间安排。

五、研学活动内容设计

(一)研学路线和时间安排

本次研学设计主要分为两大主题，即橘子洲自然地理考察、橘子洲人文地理研习。具体有以下项目：(1)在橘子洲大桥上观察橘子洲位置，在洲头和周围观察周围水文水系特征，探究橘子洲成因；(2)在沙滩公园考察橘子洲沉积物特征并分析沙滩公园沙的来源；(3)在环洲步道考察橘子洲防洪措施；(4)在橘子洲小火车站点调查开设原因及现状；(5)在指点江山景点实践景观欣赏角度、照片拍摄角度；(6)在长沙关近代历史陈列馆分析长沙关税务司设立在橘子洲的地理原因；(7)在朱张渡、美孚洋行、问天台讲解景点的历史，感悟长沙文风文脉的传承。研学时间与地点安排见表 6-10。

表 6-10　研学时间安排

时间	地点	考察内容
12:30-13:00	美孚洋行	历史文化
13:00-13:30	长沙关近代历史陈列馆	长沙关税务司选址地理原因
13:30-14:00	橘子洲小火车	区内交通的规划
14:00-14:30	亲水步道(东侧)	防洪措施、湘江河流特征
14:30-15:00	朱张渡东	历史文化、湘江河流特征
15:00-15:30	橘子洲头	拍摄角度、景点历史、河流特征
15:30-16:00	亲水步道(西侧)	防洪措施
16:00-16:30	沙滩公园及附近江滩	沉积物特征、防洪措施
16:30-15:00	橘子洲尾	河流特征
一周内	小组讨论完善活动记录单并完成综合实践类研习	
一周后	研学总结大会，小组展示设计成果	

(二)研学具体活动内容

1. 自然地理类研习

(1)考察点 D、G——亲水步道(考察橘子洲防洪措施)

橘子洲环洲亲水步道海拔较低，紧临湘江水面，受洪涝灾害影响大，在洪水季节常被洪水淹没。因此，亲水步道周边的景观设计及工程措施都与洪涝灾害息息相关，体现了橘子洲应对洪涝灾害的思路和方法。橘子洲研学线路及考察点设置见图 6-8。

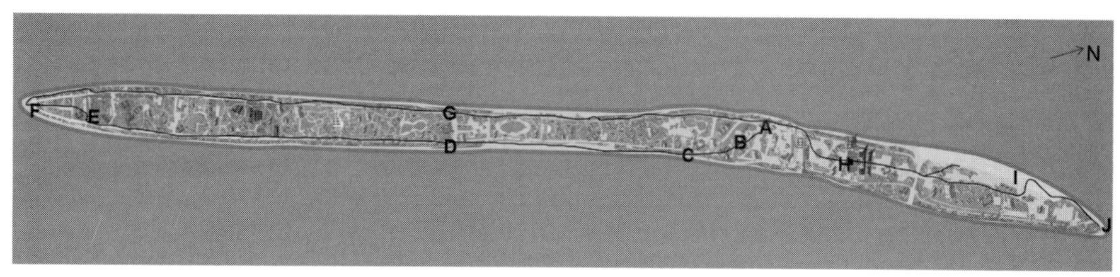

图 6-8　橘子洲研学线路及考察点设置

选择亲水步道作为橘子防洪措施考察的代表点，可以集中观察到橘子洲的防洪措施。学生能通过对植被选择、步道形态、高度等方面的观察，理解橘子洲应对洪涝灾害的思路。

研习目的	①学生能够结合橘子洲的自然地理环境特征，分析橘子洲洪涝灾害的特征
	②学生能够通过观察确认橘子洲的防洪措施，理解这些措施的应对思路
教学设计	分析橘子洲洪涝灾害产生的原因及特征，通过实地观察，确认橘子洲防洪措施，并分析这些防洪措施的合理性
教学活动	对班级同学进行分组，每六人为一个小组，沿亲水步道观察或对工作人员进行访谈，了解橘子洲的防洪措施，小组进行讨论，共同完成学习活动记录单

考察点 D、G——亲水步道活动记录单	
小组名称：	小组成员：
橘子洲多洪涝的原因：	
防洪措施	目的
1.	
2.	
3.	
结论：橘子洲的防洪思路	

(2)考察点 F——橘子洲头(河流特征观察)

橘子洲头位于橘子洲南端，该处景区设计为开阔的观水景点，能够清晰地观察到该段河流东岸和西岸的水面状况、河道宽度、河岸陡缓等情况，并能远眺河流上游的河道特征。学生能够结合 GPS 工具箱中的遥感地图考察橘子洲段的河流特征，并据此推测泥沙沉积状况。

因此，选择橘子洲头观察河流特征，学生可以通过实地考察橘子洲头，了解流水堆积地貌、流水侵蚀地貌的形成和影响，推测橘子洲的形成原因。

研习目的	①学生能够说出橘子洲头上下游河道的特征
	②学生能够分析河道特征的变化及其对泥沙沉积的影响
教学设计	在教师的带领下目测该段附近河道的特征，推测河流流速的变化，分析其对泥沙沉积的影响
教学活动	教师提问河道特征，学生通过观察找到该段河道的特征，讨论河流流速和泥沙沉积之间的关系，完成活动记录单

考察点F——橘子洲头活动记录单	
小组名称：	小组成员：
1、河道特征	
2、对流速的影响	

（3）考察点I——沙滩公园（河流沉积物观察）

橘子洲沙滩公园于2010年建成，坐落于橘子洲的北部，沙滩位于橘子洲的西部。沙滩公园的沙子细腻、干净，作为沙滑、沙排、儿童乐园的场地，深受市民喜爱。且橘子洲其他地方并未形成大范围的优质沙滩，沙滩公园的沙滩具有独特性。

选择沙滩公园及附近河岸作为考察点，可以引导学生探究沉积物特征与地理环境之间的关系，培养学生追寻问题真相的能力。

研习目的	①学生能够观察沙滩公园及河道旁沉积物的特征及差别
	②学生能够判断沙滩公园的沙是否来自湘江
教学设计	通过实地采样，观察沙滩公园的沙子与湘江江滩沉积的泥沙在物质组成和颗粒大小等方面的差别，思考沙滩公园的沙滩是否是该段河流沉积形成的。
教学活动	对班级同学进行分组，每六人一个小组，在江滩水边和沙滩公园处分别采样，确定两地沙子的特征，小组进行讨论，共同完成学习活动记录单

考察点I——橘子洲头活动记录单		
小组名称：	小组成员：	
	颗粒大小	颗粒组成特征
江滩		
沙滩公园		
结论：沙滩公园的沙子是否为本地河流沉积的泥沙？判断理由是什么？		

（4）考察点 J——橘子洲尾（河流特征观察）

沙洲的形成跟所处位置河流特征息息相关。橘子洲尾位于橘子洲北端，保留了部分自然河岸，保留了自然植被和地形特征。在橘子洲尾将 GPS 工具箱中的遥感地图和实地景观相结合，可以真切地观察到河流特征。结合橘子洲头的观测结果，进一步完善湘江橘子洲段的河流特征，学生可以利用已学知识更好地推测橘子洲的成因。

研习目的	①学生能够说出橘子洲尾上下游河道的特征
	②学生能够通过观察和查看地图，说出橘子洲尾下游水系的特征
	②学生能够分析该段河流特征对泥沙沉积的影响
教学设计	在教师的带领下目测该段附近河流的特征，推测河流流速的变化，分析其对泥沙沉积的影响。
教学活动	教师提问河流特征，学生通过观察找到该段河流特征，并查看地图，总结该段河流的水系特征，讨论河流流速和泥沙沉积之间的关系，完成活动记录单

考察点 J——橘子洲头活动记录单	
小组名称：	小组成员：
1. 河道特征	
2. 对流速的影响	
3. 推测橘子洲的成因	

2. 人文地理类研习

（1）考察点 B——长沙关近代历史陈列馆（参观并了解近代长沙开埠、长沙关的设立及其带来的影响与变迁）

长沙地处湘中丘陵区，位于湘江下游河谷地带，自古以来就有水运之便，作为中国中部的重要城市，19 世纪末，在洋务运动和维新变法思想的影响下，为“隐杜觊觎，保全主权”，清政府实施“自开商埠”的国策。1899 年 11 月，开岳州口岸，设岳州关。1904 年 7 月，开长沙口岸，设长沙关。

长沙开埠设关是当时中国半殖民地化的必然结果，也是清政府对外开放、走向世界的尝试，在湖南近代历史上产生了深远影响。一方面，这一举措加速了湖南自给自足的自然经济解体，进一步激化了社会矛盾；另一方面，促进了湖南近代工矿业、交通运输业发展，构建了新的经济格局与经济中心，推动了长沙乃至湖南经济社会的近代化进程。

因此，将长沙关作为本次研学考察交通运输对城市选址和经济发展的影响的代表。既能研究长沙的区位特征，又具有历史教育意义、红色教育意义。

研习目的	①了解长沙开埠的历史
	②了解设立长沙关的作用，考察分析长沙关税务司设立在橘子洲的原因，思考选址背后的地理意义
教学设计	观看展览，观察橘子洲段的水运情况，分析长沙关税务司设立在橘子洲的区位因素，思考选址背后的地理意义
教学活动	对班级同学进行分组，每六人为一个小组，参观展览、对工作人员进行访谈并沿江边亲水步道对长沙橘洲段水运情况进行观察，了解长沙关选址的区位因素，小组进行讨论，共同完成学习活动记录单

考察点 B——长沙关近代历史陈列馆活动记录单	
小组名称：	小组成员：
长沙关选址的区位因素	
自然原因	社会经济原因
1.	1.
2.	2.
3.	3.
结论：长沙关选址的原因有：	

(2)考察点 C——橘洲小火车

橘洲小火车作为橘子洲景区内的代表性交通工具，具有出行便捷、造型亮眼的特征。学生通过对橘子洲上小火车的调查，能进一步了解橘子洲旅游景区内的各种交通方式。对比橘子洲上各种交通工具的价格、面向人群、时长、起始点等，学习和理解在旅游景区内的交通相关知识，并提出问题、找到相对应的措施。

研习目的	①学生通过对橘洲小火车的调查，了解景区内的交通规划
	②学生能够通过对橘洲小火车的调查，说出橘洲景区内交通设计和规划的合理性和不足之处，并提出措施建议
教学设计	分析橘子洲设置橘洲小火车的原因，通过实地调查，分析橘洲小火车的合理之处和不足之处

教学活动	对班级同学进行分组，每六人为一个小组，通过合作讨论，设计问卷，并进行采访调查统计，对橘洲小火车的规划设计进行了解，并提出问题、找到相对应的解决措施

考察点 C——橘洲小火车记录单	
小组名称：	小组成员：
橘洲小火车：	
项目	内容
1. 线路	
2. 价格	
3. 时长和趟数	
4. 存在的问题	
5. 提出措施	

(3)考察点 E——与毛主席合影的最佳角度

橘子洲头毛主席青年头像雕像是橘子洲的标志性事物，头像高大，视觉上极具震撼力，是前来橘子洲游玩的游客的网红打卡地，虽然雕像前地域较为开阔，但也经常人群聚集，拍照需要把握好角度和时间。所以，为了研究如何在旅游活动中更好地欣赏特定景观，特设置此任务，让学生通过实地考察寻找欣赏景观的最佳角度。

研习目的	①学生通过对毛主席青年头像雕像进行观察找到合适的拍照角度，在旅游活动中找到欣赏景点的最佳角度
教学设计	学生通过在毛主席青年头像雕像周围观察和调查，并通过实际操作拍摄照片，寻找最佳的拍照角度
教学活动	对班级同学进行分组，每六人为一个小组，通过合作、讨论、分工，研究摄影构图等知识，并进行拍照，设计单人到多人合影的最佳位置和角度

考察点 E——与毛主席合影记录单	
小组名称：	小组成员：
与毛主席合影：	
项目	照片
1.	
2.	
3.	
结论：欣赏美景的角度分析	

（4）考察点A、D、G、F——美孚洋行、朱张渡、问天台远眺杜甫江阁（整合橘子洲文化脉络，设计历史文化游览路线，挖掘橘洲历史，设计“书香橘洲”logo）

朱张渡，位于湖南省长沙市天心区，原六铺街江畔、白沙路路口，为旧时长沙设立在湘江边的古渡口之一。渡口在湘江两岸各有一牌坊，东岸为“文津”，西岸为“道岸”。在橘子洲头还有渡船暂歇的朱张渡亭。朱张渡这个名称是为了纪念宋代两位理学大师朱熹、张栻，他们在“朱张会讲”时经常在此渡口乘船往来，众多学子求学问道也多经过这个渡口，遂成一时之盛。

山水洲城的长沙因人而盛名于近现代，惟楚有才，于斯为盛，文脉文风乃一个地方兴盛的根本所在。橘子洲更应该是一个人文的江心洲。因此，设计以朱张渡为线索，穿越时空，让学生挖掘橘子洲的人文历史旅游线，丰富橘子洲之旅的时空维度。

研习目的	①学生能按时间脉络讲解景点的简单历史，加深对家乡的了解
	②挖掘自然景观背后的人文情怀，感悟“湖湘精神”，学在长沙
教学设计	参观朱张渡、问天台，和毛主席像一起远眺杜甫江阁，参观美孚洋行原址上新开的书店，感悟长沙文风文脉的传承
教学活动	对班级同学进行分组，每六人为一个小组，参观朱张渡、问天台，和毛主席像一起远眺杜甫江阁，参观美孚洋行原址上新开的书店，感悟长沙文风文脉的传承，小组进行讨论，结合橘子洲景点分布图，设计一条历史文化游览路线，提炼自己感悟到的“湖湘精神”“橘洲文风”，共同设计完成“书香橘洲”logo。

考察点I——美孚洋行、朱张渡、问天台远眺杜甫江阁活动记录单	
小组名称：	小组成员：
“橘洲文风”景点及感悟	
景点	感悟
1.	
2.	
3.	
橘洲历史文化步道	

六、研究评价与总结

(一)研学成果评估

本次研习成果形式为8项学习活动记录单以及活动汇报两大部分。学生汇报应注意以下几点：①分组汇报；②汇报内容包括8个研学点所学知识，各组的关于学校某区域的海绵化改造方案，具体应包括小组现场照片、现场笔记、搜集的文件素材等研学佐证资料以及设计方案草图、相关原理、研学讨论过程资料、研学结论、研学收获、组内成员分工等内容；③汇报形式包括但不限于PPT讲演、研习报告或研习活动单展示等方式。

评价标准采取教师定性与定量指标相结合的模式，综合参考小组成果的知识正确性、作品完成度、创新性、合作参与度、美观度等指标进行评价。

(二)研学课程评估

研学课程结束后，从过程和结果两方面对智力与非智力因素进行评价，能从不同角度体现提升地理核心素养的研学目标。评价主体包括学生自评、小组成员互评和教师评价，其中小组自评权重15%，小组互评权重15%，教师评价权重70%。

附件：
优秀学生研学案例展示

橘子洲人文地理研学报告

作者：莫芯　　指导老师：赵璐琳

考察点H——长沙关近代历史陈列馆活动记录单	
小组名称：橘子洲调研小分队	小组成员：略
长沙关选址区位原因：	
自然原因	社会经济原因
1. 橘子洲位于湘江上，气温宜人。	1. 橘子洲位于湘江上，水运便利。
	2. 长沙本地的商人拒绝外国商人进驻长沙城。
	3. 外国商人需要大量地方放置商品。

结论：长沙关选址原因有：
1. 橘子洲位于湘江上，气温宜人。
2. 橘子洲位于湘江上，水运便利。
3. 长沙本地的商人拒绝外国商人进驻长沙城。
4. 外国商人需要大量地方放置商品。

橘子洲景区内交通考察报告

作者：伏波至　　指导老师：杨婷
考察时间：2022年3月5日下午
考察地点：橘子洲

一、概况

（一）橘子洲景区内的交通现状

橘子洲景区内有三种交通工具：小火车、电动观光游览车包车和游轮。

小火车单人往返40元，学生票半价，每站大概3分钟，加等车时间5分钟。从神职人员寓所东到毛泽东青年艺术雕塑共有4站，坐车12分钟后只需步行8分钟即可到达橘子洲头，共计20分钟。而全程步行则需要50分钟。起始站为地铁橘子洲站2号口，终点站为公交坪，是一条环全洲的交通线。主要为需要节省游玩时间或是不想走路的游客提供。小火车造型可爱，颜色多样，对儿童的吸引力非常大。观光小火车的游览路线图见图6-9。

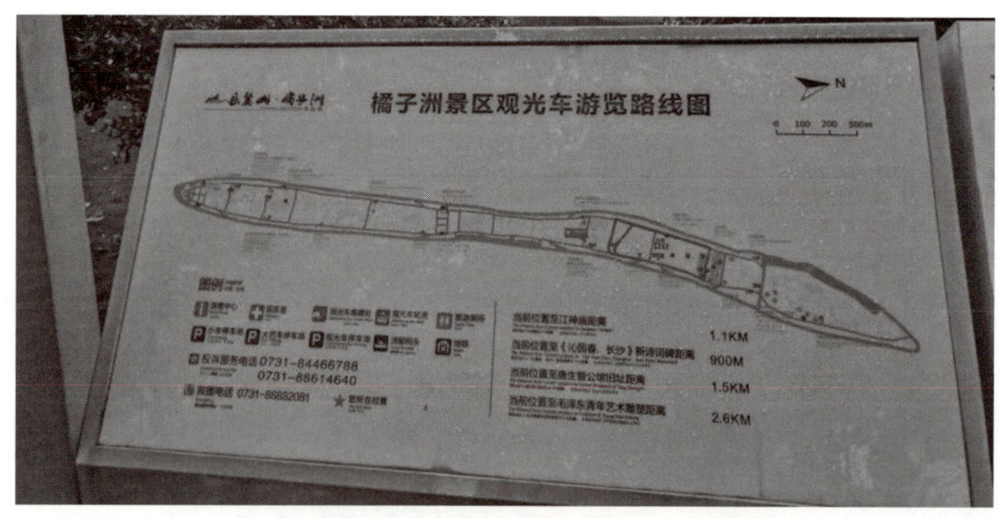

图6-9　观光小火车游览路线图（扫章首码查看彩图）

包车7座60分钟580元，可以随停随走。包车主要面向的是想深度游览橘子洲和愿意花钱的游客。电动观光车包车价格见图6-10。

图 6-10　电动观光车包车价格(扫章首码查看彩图)

游轮票价为白天 100 元，晚上 168 元，包含小火车票。换个角度在江面上中远景看毛主席的雕像，这个创意也吸引了不少游客，加上夜景更好看，晚上的票价也比白天快翻了一番。游轮主要针对游玩时间充裕的游客。

(二)淡季旺季

由于长沙是网红城市，但凡节假日都是旅游旺季，旺季时在毛主席青年雕像坐小火车会预留一节空车厢，目的是为了让返程路上的游客也能有位置坐。淡季则正常运行，根据人数多少，统一协调班次，尽量保证旅客需求。

二、合理性分析

橘子洲范围很大，走路太费体力，建议使用代步工具。可以扫码买票，不用排队，直接刷码上车。在毛泽东青年艺术雕塑站往回买半程票是 40 元。对游客来说，这是不合理的，半程票价居然和往返票价一样。但对于橘子洲的收益来说，这又是合理的。因为橘子洲实在是太大了，一般游客走到毛泽东青年艺术雕塑时就很累了，没有体力去其他景点打卡或是返回。比起昂贵的包车，小火车便成为最合适的交通工具。

二、存在问题

观光车每站只能上下一次；下大雨时会关闭，去之前需要看好天气。橘子洲有烟花表演时，不予开放。在人少的站只有投诉电话和救援电话，且在售票处的告示上，并不明显。游船票价包含了小火车的票价，但不去乘坐的话火车票价也是不会退还的。

四、措施建议

除了打电话，可以多提供一些方便游客的措施和条件，比如冬季提供热水，天热提供防暑降温的药品之类的。橘子洲上的消费普遍偏高，希望物品价格能更加合理一些。

可以在公众号里加上地图，在站点添加二维码，如果站点没有车就可以扫码，会有车来接。

橘子洲防洪调研报告

作者：李衣粟　　指导老师：杨夏

考查记录单：考察点D、G——亲水步道（考察橘子洲防洪措施）

研习目的	①学生能够结合橘子洲的自然地理环境特征，分析橘子洲洪涝灾害的特征
	②学生能够通过观察确认橘子洲的防洪措施，理解这些措施的应对思路
教学设计	分析橘子洲洪涝灾害产生的原因及特征，通过实地观察，确认橘子洲防洪措施，并分析这些防洪措施的合理性
教学活动	对班级同学进行分组，每六人为一个小组，沿亲水步道观察或对工作人员进行访谈，了解橘子洲的防洪措施，小组进行讨论，共同完成学习活动记录单

考察点D、G——亲水步道活动记录单	
小组名称：	小组成员：李衣粟
橘子洲多洪涝的原因：当地气候为亚热带季风气候，降水季节差异大，每年4~7月为湘江流域的汛期，汛期水位大涨，易发生洪涝灾害	
防洪措施	目的
1. 固岸	减轻洪水对橘子洲岸边的侵蚀冲刷
2. 岸线整治、减少洲面阻水建筑与设施	疏洪泄洪
3. 耐水植被	适应洪水，减轻洪水影响
结论：橘子洲的防洪思路	适应洪涝，疏洪泄洪

调研方案：到橘子洲实地考察观察水利布局、防洪防汛建设和岸线植被等。

调研过程：

1. 研究区域特征

橘子洲位于湘江中间，是条状的沙洲。当地气候为亚热带季风气候，年降水量大，市区年均降水量为1361.6毫米，降水季节差异大，易发生洪涝灾害。橘子洲最低处海拔约31.5米，地势低洼，易受洪涝灾害影响。

2. 观察防洪防汛建设

橘子洲上有10公里的岸线，和环洲亲水步道一起，环绕整个橘子洲，岸线保留了橘子洲的自然形态，并用钢筋混凝土加固。岸线加固的高度没有修成高于洲面的堤坝，经询问得知，这些岸线并不是防水墙，不能阻挡洪水进入橘子洲，只能起到减轻洪水冲刷的作用。橘子洲东侧岸线见图6-11。橘子洲西侧岸线见图6-12。

图 6-11　橘子洲东侧岸线

图 6-12　橘子洲西侧岸线

亲水步道设计靠近岸线，宽阔平坦，在游客能够亲近水域的同时，能起到很好的泄洪作用。橘子洲亲水步道见图 6-13。橘子洲设计了很多草坪，如沙滩公园内的草坪具有很高的实用价值，可以供游人休憩，并举办各种活动。沙滩公园的草坪见图 6-14。

图 6-13　橘子洲亲水步道

图 6-14　沙滩公园的草坪

橘子洲头问天台地势较低，易受洪涝灾害影响，却铺设了木地板。经查阅相关资料得知，问天台的木地板是从国外进口的有“百年防腐”美誉的木材——菠萝格木制造而成，造价极高，在短期洪水的浸泡中不会损坏。橘子洲头问天台见图 6-15。

橘子洲上的很多景观植被都具有一定的耐水性，如亲水步道边的柳树，能够适应橘子洲易发生洪涝的环境特征。亲水步道旁耐水的柳树见图 6-16。

图 6-15　橘子洲头问天台

图 6-16　亲水步道旁耐水的柳树

调研结论：橘子洲面对多洪涝的地理特征，应对方式为疏而不是堵。同时，在景观设计及植被选择方面也充分适应了多洪涝的特征。

橘子洲景区形成的自然原因考察报告

作者：康李欣　　指导老师：杨夏

考察点 F——橘子洲头(河流特征观察)

研习目的	①学生能够说出橘子洲头上下游河道的特征
	②学生能够分析河道特征的变化对泥沙沉积的影响
教学设计	在教师的带领下目测该段附近河道的特征，推测河流流速的变化，分析其对泥沙沉积的影响
教学活动	教师提问河道特征，学生通过观察找到该段河道的特征，讨论河流流速和泥沙沉积之间的关系，完成活动记录单

考察点 F——橘子洲头活动记录单	
小组名称：略	小组成员：略
1. 河道特征	橘子洲上游河段水面较橘子洲段要窄
2. 对流速的影响	橘子洲段河道展宽，河流流速变慢

考察点 J——橘子洲尾(河流特征观察)

研习目的	①学生能够说出橘子洲尾上下游河道的特征
	②学生能够通过观察和查看地图，说出橘子洲尾下游水系特征
	②学生能够分析该段河流特征对泥沙沉积的影响
教学设计	在教师的带领下目测该段附近河流的特征，推测河流流速的变化，分析其对泥沙沉积的影响。
教学活动	教师提问河流特征，学生通过观察找到该段河流特征，并查看地图，总结该段河流的水系特征，讨论河流流速和泥沙沉积之间的关系，完成活动记录单

考察点 J——橘子洲头活动记录单	
小组名称：略	小组成员：略
1. 河道特征	江面变窄，经查询地图，发现有支流汇入
2. 对流速的影响	由于江面变宽，壅水，导致流速减慢 支流汇入,顶托干流河水，流速减慢
3. 推测橘子洲的成因	流速减慢，泥沙淤积形成橘子洲

一、概况

2022 年 3 月 5 日，小组成员乘地铁去长沙橘子洲景区考察了该景区的历史、交通、形成的自然原因及防洪措施。

二、橘子洲的形态特征

橘子洲位于湘江中部，形态为长条状，湘江水自南往北流，方向略偏西，夹带着泥沙冲击长沙河西沿岸，在河西沿岸形成长条状沙地。

三、橘子洲形成的自然原因

橘子洲所在河段比上游河道宽，河流流速减慢，加之下流有支流浏阳河、捞刀河汇入带来泥沙，流速变慢，泥沙沉积。经查询资料，发现橘子洲河段河床中部基岩凸起。据此推测，橘子洲的成因如下：由于河道展宽，且下游支流汇入，顶托作用强，流速减慢，泥沙在橘子洲河段淤积。且河道中部基岩凸起，湘江主流在此分流对两岸冲刷，分流携带的泥沙通过回流淤落在江心凸起的基岩下游，形成了橘子洲。

四、橘子洲与牛头洲随时间推移相连的原因

经查询资料，我们推测橘子洲与牛头洲随时间推移相连的原因如下。

唐宋时，橘子洲还分为上、中、下三洲，上洲叫牛头洲，中州叫水陆洲，下洲叫傅家洲。到了民国年间，上、中洲已经相连。长沙谶云：“三洲连，出状元”。

橘子洲的形成要追溯到河流的发展演化。河流的发展是根据流经区域的坡度来划分的。河源地势陡且落差大，至河流中下游段，流速变慢，河床不会被肆意剥蚀，水中的砂砾也开始沉淀下来。上游带来的泥沙在这里受到阻滞，开始淤积，慢慢形成“浅滩”。后来，由于“浅滩”的阻挡，水绕过浅滩从两侧流过，浅滩两侧受到的水流冲击力较小，一些泥沙在两侧不断沉积，逐渐发育成“三角形”状。河水冲刷着这块“三角形”，它的轮廓渐渐清晰，直至露出水面，地质上称之为“心滩”，这就是橘子洲的雏形。

涨水时期，大量的粉砂胶结物沉积，使得“心滩”的沉积层不断加厚，由于这些胶结物有黏性，因此具有较强的抗冲击性，“心滩”越来越稳定，并逐年淤高，直至高出平均水位，冒出江面，我们称之为“江心洲”。

“江心洲”上植被充分繁衍丛生，橘子树和柚子树占地为王。这些植被的根系不断在这片小洲上延伸稳扎，阻滞流水冲走洲上的沙土。浅滩迎水面因为受到较大的水流冲击，促使江心洲不断后移，有时还会和下游的小洲连成一体。现在的橘子洲几乎已经连成一个大洲（橘子洲）和一个小洲（傅家洲）。或许以后，橘子洲会与傅家洲相连。

第五节　太平街研学旅行设计与实践

一、设计理念

“纸上得来终觉浅，绝知此事要躬行。”研学旅行实践活动有利于对常规课堂教学进行补充，同时，也有利于培养学生的地理核心素养，提高学生的地理实践能力，增强学生的区域认知和综合思维能力，帮助学生树立人地协调观。作为历史文化商业街，太平街不仅承载着发展旅游、促进地方经济的责任，同时也是当地居民生活的场所，如何平衡游客与居民、文化价值与商业价值之间的关系，如何在保留当地历史文化资源的同时保障居民的生活质量，是一个值得探讨的话题。

二、地点概况

太平街是长沙古城保留原有街巷格局最完整的一条街，位于长沙城区中心。太平街区位图见图 6-17。街区以太平街为主线，北至五一大道，南到解放路，西接卫国街，东到三兴街、三泰街，有马家巷、孚嘉巷、金线街、西牌楼街以及太傅里等几条重要街巷。太平街曾遭受过三次大型毁坏，目前老街风貌尚未完全消失，明清时期形成的鱼骨状街巷骨架犹存，清末、民国至解放初期的建筑得以保存。后经开发，太平街得以焕发生机。太平街发展成为历史文化商业街并非偶然，这与其深厚的文化底蕴与特殊的地理位置息息相关。分析太平街的区位条件，能够培养学生的区域认知能力和综合思维。通过剖析太平街文化价值与商业价值、历史保护与居民生活之间的矛盾，并为太平街的发展建言献策，有利于培养学生的地理实践能力，促进其人地协调观的树立。太平街范围图见图 6-18。

图 6-17　太平街区位图(扫章首码查看彩图)

图 6-18　太平街范围图(扫章首码查看彩图)

三、研学目标与适用学段

(一)适用学段

高中

(二)研学目标

本次研学实践内容紧密结合湘教版高中地理教材必修二第二章以及选修五第三章的内容，围绕“区位”、“地域文化”、“旅游规划”等知识点展开。根据《普通高中地理课程标准(2017 年版)》“结合实例，说明地域文化在城乡景观上的体现”、“结合实例，说明工业、农业和服务业的区位因素”、“结合实例，分析旅游业对区域经济、社会、文化发展的带动作用”等要求，开展围绕太平街的研学旅行实践。研学目标设置见表 6-11。

表 6-11　研学目标设置

核心素养	研学目标
区域认知	通过资料收集与实地考察，了解太平街的地理位置、发展情况及其因地制宜开发的依据
地理实践能力	实地考察，观察太平街内地域文化在建筑上的体现、商业业态等，访谈游客、居民了解其对太平街环境的评价；通过小组合作完成研学活动素材收集整理、研学汇报总结等任务

续表

核心素养	研学目标
综合思维	结合网络及实地考察获取的文字、图片材料，从自然、人文两个角度分析太平街的区位条件
人地协调观	通过对游客和居民的访谈，了解太平街文化价值与商业价值、历史保护与居民生活的平衡关系

四、前期准备

(一)知识储备

湘教版高中地理教材必修二第二章、选修五第三章的相关内容。

(二)组织形式

研学活动开始前，教师将全班学生进行分组，每组至少六人，每个小组选一名组长负责签到等事宜，各小组成员按野外实践观测表进行分工，研学过程中以小组为单位进行活动。

(三)工具准备

测距仪、罗盘、绘图工具、纸、笔等。

(四)交通方式

由教师带队，统一从学校出发，乘公交前往太平街。

(五)注意事项

(1)太平街位于道路旁，车辆较多，提醒学生不要在路边奔跑打闹。
(2)在与游客、居民进行访谈时，要注意礼仪。

五、研学活动内容设计

(一)研学路线和时间安排

本次研学设计主要分为两大类，即人文地理类研习以及综合实践类研习，共设计六小项。一是对太平街区主要街巷分布进行考察；二是对太平街区商业业态进行考察；三是对太平街区特色建筑及其形成进行考察；四是客源调查；五是居民调查；六是分析太平街的区位条件及未来发展情况。研学时间与地点安排见表 6-12。

表 6-12 研学时间安排

时间	地点	考察内容
8:30-9:00	太平街区北门	观察展示街区布局示意图，并绘制草图
9:00-10:00	各主要街巷	街巷方向、长宽测量
10:00-10:30	太平街区北门	数据汇总
10:30-11:30	各主要街巷	商业业态调查
11:30-12:00	太平街区北门	数据汇总
12:00-13:00	午餐(自备)	
13:00-14:00	各主要街巷	游客调查
14:00-15:00	各主要街巷	特色建筑考察
15:00-16:00	各主要街巷	居民调查
16:00	太平街区北门集合，返校	
一周内	小组讨论完善活动记录单并完成综合实践类研习	
一周后	研学总结大会	小组展示设计成果

(二)研学具体活动内容

1. 人文地理类研习

(1)太平街区主要街巷平面示意图绘制

研学目的	①学生能够通过实地测量用绘图的方式制作太平街区平面示意图 ②学生能够通过观察所绘太平街区主要街巷平面示意图，分析说明太平街主要街巷的布局特点
教学设计	学生通过实地观察测量，绘制太平街区主要街巷平面示意图
教学活动	①学生观察街区展示示意图，了解主要街巷的相对位置，绘制太平街区主要街巷草图 ②对班级同学进行分组，每六人一个小组，每个小组负责一条街巷 ③学生使用仪器测量主要街巷的主要朝向和大致长度 ④汇总数据 ⑤确定地图方向标和比例尺 ⑥绘制地图，设计添加图例和注记，设计搭配颜色等

<table>
<tr><td colspan="4">太平街区主要街巷平面示意图绘制</td></tr>
<tr><td>小组名称：</td><td colspan="3">小组成员：</td></tr>
<tr><td>街巷名称：</td><td colspan="3"></td></tr>
<tr><td>朝向</td><td colspan="2">长度</td><td>宽度</td></tr>
<tr><td></td><td colspan="2"></td><td></td></tr>
<tr><td colspan="4">各街巷数据汇总</td></tr>
<tr><td>街巷名称</td><td>朝向</td><td>长度</td><td>宽度</td></tr>
<tr><td>太平街</td><td></td><td></td><td></td></tr>
<tr><td>西牌楼街</td><td></td><td></td><td></td></tr>
<tr><td>马家巷</td><td></td><td></td><td></td></tr>
<tr><td>孚嘉巷</td><td></td><td></td><td></td></tr>
<tr><td>金线街</td><td></td><td></td><td></td></tr>
<tr><td colspan="4">太平街区主要街巷平面示意图</td></tr>
<tr><td colspan="4"></td></tr>
<tr><td>太平街区主要街巷布局特点</td><td colspan="3"></td></tr>
</table>

(2)太平街区主要街巷商业调查与分析

<table>
<tr><td rowspan="2">研习目的</td><td colspan="6">学生能够通过实地考察，了解太平街区主要街巷的商业业态</td></tr>
<tr><td colspan="6">学生能够通过分析商业调查数据，说明太平街区商业业态分布特点</td></tr>
<tr><td>教学设计</td><td colspan="6">观察、记录、分析太平街区主要街巷商业业态</td></tr>
<tr><td>教学活动</td><td colspan="6">①学生分组，布置任务，讲述方法；②确定调查范围；③实地调查，做好记录；④各组统计数据，完成表格；⑤数据汇总与分析</td></tr>
<tr><td colspan="7">太平街区主要街巷商业调查与分析</td></tr>
<tr><td colspan="7">调查街巷：</td></tr>
<tr><td>小组名称：</td><td colspan="6">小组成员：</td></tr>
<tr><td rowspan="2">商业业态大类别</td><td rowspan="2">商业业态小类别</td><td colspan="5">店铺数量</td></tr>
<tr><td>太平街</td><td>西牌楼街</td><td>马家巷</td><td>孚嘉巷</td><td>金线街</td></tr>
<tr><td rowspan="3">餐饮类</td><td>地方特色餐饮</td><td></td><td></td><td></td><td></td><td></td></tr>
<tr><td>风味特色小吃</td><td></td><td></td><td></td><td></td><td></td></tr>
<tr><td>饮料甜品</td><td></td><td></td><td></td><td></td><td></td></tr>
<tr><td rowspan="3">住宿类</td><td>宾馆</td><td></td><td></td><td></td><td></td><td></td></tr>
<tr><td>客栈</td><td></td><td></td><td></td><td></td><td></td></tr>
<tr><td>酒店</td><td></td><td></td><td></td><td></td><td></td></tr>
<tr><td rowspan="6">旅游购物类</td><td>地方特产</td><td></td><td></td><td></td><td></td><td></td></tr>
<tr><td>衣帽鞋包</td><td></td><td></td><td></td><td></td><td></td></tr>
<tr><td>特色精品店</td><td></td><td></td><td></td><td></td><td></td></tr>
<tr><td>字画古玩瓷器</td><td></td><td></td><td></td><td></td><td></td></tr>
<tr><td>银、玉饰</td><td></td><td></td><td></td><td></td><td></td></tr>
<tr><td>其他</td><td></td><td></td><td></td><td></td><td></td></tr>
<tr><td rowspan="4">休闲娱乐类</td><td>酒馆、茶楼、戏院</td><td></td><td></td><td></td><td></td><td></td></tr>
<tr><td>咖啡馆、酒吧</td><td></td><td></td><td></td><td></td><td></td></tr>
<tr><td>文化休闲</td><td></td><td></td><td></td><td></td><td></td></tr>
<tr><td>游戏网吧</td><td></td><td></td><td></td><td></td><td></td></tr>
<tr><td rowspan="3">旅游观光类</td><td>文化展览馆</td><td></td><td></td><td></td><td></td><td></td></tr>
<tr><td>旅行社</td><td></td><td></td><td></td><td></td><td></td></tr>
<tr><td>故居、遗迹、旧址</td><td></td><td></td><td></td><td></td><td></td></tr>
</table>

续表

商业业态大类别	商业业态小类别	店铺数量				
		太平街	西牌楼街	马家巷	孚嘉巷	金线街
生活性商业类	超市、便利店					
	日用杂货、批发店					
	居民服务					
	宠物店、宠物医院					
	其他					
太平街区主要街巷商业业态特点						

(3)太平街区特色建筑考察

研习目的	学生能够描述太平街区特色建筑的基本特征
	学生能够根据当地环境特征分析太平街区特色建筑的成因
教学设计	观察太平街区的特色建筑，描述其特征；根据当地自然环境和人文环境，分析特色建筑的成因，认识地理环境对当地民居的影响
教学活动	①学生分组，布置任务；②确定调查范围：各小组根据活动开展对太平街区的了解，确定本小组的调查范围；③实地调查，完成调查表格；④成果展示

太平街区特色建筑考察		
调查范围：		
小组名称：		小组成员：
建筑简介	名称：	实地照片：
	位置：	
	建造时间：	
特点分析	材质：	原因分析：
	色彩：	
	特色：	

(4)太平街区游客调查

研习目的	学生能自主制作、完善问卷
	学生能通过访谈，了解太平街区的客源类型
	学生能通过访谈，了解游客对太平街区的评价
教学设计	制作问卷内容；通过随机抽样，对太平街区的游客进行访谈
教学活动	①对班级同学进行分组，每六人一个小组，制作问卷内容；②汇报总结，师生讨论，完善问卷内容；③每组学生负责一条街巷，随机对巷内游客进行访谈；④汇总数据，并进行分析

太平街区游客调查	
小组名称：	小组成员：
街巷名称：	
访谈人数：	

示例：访谈问卷

第一部分　客源类型

1. 请问您的性别是什么？
2. 请问您的年龄是多少？
3. 请问您的职业是什么？
4. 请问您是什么学历？
5. 请问你的居住地是哪儿？

第二部分　游客评价

1. 请问您来太平街旅游的主要目的是什么？
2. 您是第几次到太平街？
3. 您认为太平街区的卫生环境怎么样？
4. 您认为太平街区附近的交通是否便捷？
5. 您认为太平街区的街巷布局会影响您的游览吗？
6. 您认为太平街区的嘈杂程度如何？
7. 您认为太平街区的拥挤程度如何？
8. 您认为太平街区的商业服务态度如何？
9. 您认为太平街区的商业是否具有特色？
10. 您认为太平街区的商业设施是否满足了您的需要？
11. 您认为太平街区的商业化程度如何？
12. 您认为目前太平街区的商铺数量如何？
13. 您认为目前太平街商业区的业态布局如何？
14. 您认为太平街的历史街区文化特色鲜明吗？
15. 您是否同意太平街旅游商业化冲击了当地的历史文化的说法？
16. 您认为太平街旅游商业化会对您的旅游满意度造成影响吗？
17. 请问您对太平街旅游总体评价如何？

访谈或分析数据心得	

(5)太平街区居民调查

研习目的	学生能自主制作、完善问卷
	学生能通过访谈，了解太平街区的居民类型
	学生能通过访谈，了解居民对太平街区的评价
教学设计	制作问卷内容；学生对太平街区的居民进行访谈
教学活动	①对班级同学进行分组，每六人一个小组，制作问卷内容；②汇报总结，师生讨论，完善问卷内容；③每组学生负责一条街巷，对巷内居民进行访谈；④汇总数据，并进行分析

太平街区居民调查	
小组名称：	小组成员：
街巷名称：	
访谈人数：	
示例：访谈问卷 第一部分　居民类型 1. 请问您的性别？ 2. 请问您的年龄？ 3. 请问您的职业是什么？ 第二部分　居民评价 1. 您认为太平街街区的卫生环境怎么样？ 2. 您认为太平街区附近的交通是否便捷？ 3. 您认为太平街区的街巷布局如何？ 4. 您认为太平街区的嘈杂程度如何？ 5. 您认为太平街区的拥挤程度如何？ 6. 您认为太平街区的供、排水设施如何？ 7. 您认为太平街区的供电情况如何？ 8. 您认为太平街区的供气情况如何？ 9. 您认为太平街区的商业设施是否满足了您的需要？ 10. 您认为目前太平街区商业的业态布局如何？ 11. 请问您对太平街区居住环境总体评价如何？	
访谈或分析数据心得	

2. 综合实践类研习

(1) 太平街区现状与未来发展

<table>
<tr><td rowspan="3">研习目的</td><td>学生能综合描述太平街区的区位条件</td></tr>
<tr><td>学生能通过访谈，获取游客、街区居民对太平街区的评价</td></tr>
<tr><td>学生能够运用综合思维，为太平街区的发展献计献策</td></tr>
<tr><td>教学设计</td><td>结合资料，对太平街区的发展进行 SWOT 分析（strength，weakness，opportunity，threats)，为太平街区的可持续发展建言献策。</td></tr>
<tr><td>教学活动</td><td>对班级同学进行分组，每六人一个小组，进行资料的搜集和探讨。根据调研内容，小组进行讨论，共同完成学习活动记录单</td></tr>
<tr><td colspan="2">一、作为历史文化商业街，太平街区的区位布局有哪些优势和劣势？

二、太平街给区域经济、社会和文化发展带来了哪些影响？

三、请对太平街区的发展进行 SWOT 分析。

四、请为太平街区的可持续发展建言献策。</td></tr>
</table>

(2) 从这六项活动中，选择感兴趣的点，完成一篇地理小论文。

六、研究评价与总结

（一）研学成果评估

本次研习成果形式为6项学习活动记录单以及活动汇报两大部分。学生汇报应注意以下几点：①分组汇报；②汇报内容包括6个研学内容，具体应包括小组现场照片、现场笔记、搜集的文字图片等研学佐证资料以及研学收获、组内成员分工等内容；③汇报形式包括但不限于PPT讲演、研习报告或研习活动单展示等方式。

评价标准采取教师定性与定量指标相结合的模式，综合参考小组成果的知识正确性、作品完成度、创新性、合作参与度、美观度等指标进行评价。

（二）研学综合评估

研学综合评估评价主体包括学生自评、小组成员互评和教师评价，其中小组自评权重15%，小组互评权重15%，教师评价权重70%。

第六节　平江黄金矿区研学设计与实践

一、设计理念

研学是与课堂学习不一样的学习活动，研学活动中的看和听、记录和提问、拍照和笔记、讨论与交流都是有意义的学习活动。2013年，教育部基础教育司发布《示范性综合实践基地实践活动指南》，指出要通过开展各类综合实践活动引导学生形成自身对自然、对社会的整体认识，形成积极负责的生活态度，学会做人做事、生活生存、探究创造，实现学校教育与社会教育的有效衔接。

二、地点概况

（一）矿床的地质特征

1. 地层

矿山出露地层简单，主要有中元古界冷家溪群坪原组第二段第四岩性段（Pt_2p^2-4）及第四系。

（1）第四系（Q）

主要为残积、坡积及冲积物，由黄褐色砂土、岩石碎块及砾石组成，山间沟谷中表层以耕作土为主。

(2)冷家溪群坪原组第二段第四岩性段(Pt_2p^2-4)

上部为含粗砂质板岩、粉砂质板岩;中部为灰绿色板岩及粉砂质板岩,中间夹含粉砂质铁质板岩;下部为条带状含粉砂质板岩,条带由石英粉砂与绢云母等黏土矿物相间组成,条带宽 3~10 mm。岩石中含团粒状同生黄铁矿,偶见包卷状构造。江东水库以西岩层厚度较稳定,往东厚度逐渐变小,该段是矿区的重要矿源层,厚 200~575 m。

2. 构造

地层总体呈北西向展布,冷家溪群坪原组第二段第四岩性段(Pt_2p^2-4)分布于矿山南西部,北东部则为第四系覆盖。矿山总体为一单斜构造,倾向北东,倾角较陡(50°~70°),产状较稳定。矿山构造以断裂为主,褶皱不发育,局部具有小规模尖棱褶皱。区内断裂构造主要有北西(西)向、北东向和北北西向三组,均具多期活动特征,其中北西(西)向断裂发育较早,目前矿山的矿脉均为北西(西)向,北西(西)向断裂与矿化关系密切。

3. 岩浆岩

据实地调查,矿区范围内未见岩浆岩出露。

4. 成矿作用

矿区内岩石蚀变强烈,为裂隙式热液蚀变类型。区内围岩蚀变主要为硅化、黄铁矿化、褪色化、绿泥石化等。其中硅化、黄铁矿化与金矿化关系密切,且呈正相关,对金矿体的形成与富集起着重要作用。

(二)矿体特征

江东金矿主要由含金角砾岩、含金石英脉及含金破碎粉砂质板岩组成,产于冷家溪群坪原组第二段第四岩性段(Pt_2p^2-4)中。

三、研学目标与适用学段

(一)适用学段

高中

(二)研学目标

本次研学实践内容涵盖湘教版高中地理教材选择性必修一第二章、第四章的内容,围绕"岩石圈的物质循环""地质构造与地表形态""地表形态与人类活动""陆地水体间的相互关系"等知识点展开。通过考察,学生走进自然,促进书本知识和现实生活的关联。研学目标设置见表 6-13。

表 6-13　研学目标设置

核心素养	研学目标
区域认知	通过资料收集与实地考察，认识平江黄金矿区的自然、人文特征；说明黄金与区域发展之间的关系
地理实践力	总结矿物、岩石标本的识别方法；借助研学手册、App 手绘矿区功能区地图
综合思维	通过实地考察，说明岩石的层理特征，分析黄金成矿的地质条件；写出金矿的发现过程，分析矿区的选址依据
人地协调观	理解自然环境是人类生存、发展的基础，说明尾水处理的方法与措施

四、前期准备

（一）知识储备

湘教版高中地理教材“岩石圈的物质循环”“地质构造与地表形态”“地表形态与人类活动”“陆地水体间的相互关系”的相关知识

（二）组织形式

研学活动开始前教师将全班学生进行分组，每个小组选一名组长负责签到等事宜，各小组成员按野外实践观测表进行分工，研学过程中以小组为单位进行活动。

（三）工具准备

雨具、防滑运动鞋、晕车药品、厚外套、手机、笔、透明的小盒子等。

（四）交通方式

学校租用大巴车，教师和学生集体乘坐大巴车到黄金洞江东矿业。

（五）注意事项

1. 安全第一，所有的老师和学生都必须听从指挥，统一行动。

2. 请听从工作人员及带队老师的安排，紧跟队伍，不触碰器械设施，禁止随处走动，在特定的地点系好安全帽，带好防护口罩。

3. 所有老师和学生都必须遵循“走路不看景、看景不走路”“跟着导师看、停下步子写”“听讲有秩序、注意脚下路”等安全原则。

4. 谢绝有严重过敏反应或隐性疾病的人员参加，若因隐瞒造成后果，由家长和学生自负。

5. 全体学生必须身穿所在学校校服。

五、研学活动内容设计

(一)研学路线和时间安排

本次研学活动时间与地点安排见表6-14所示。

表6-14　研学时间安排

时间	地点	活动内容
8:00	学校集合	
8:30-10:30	乘车前往黄金洞江东矿业	
10:30-12:00	基地矿区	专家介绍尾矿尾水的处理，地理构造、岩石辨认，竖井采矿作业，寻找金矿、黄铁矿、铜矿等
12:00-13:00	中餐(体验国企食堂午餐)	
13:00-14:00	黄金洞江东矿业	专家讲座
14:00-16:00	黄金洞江东矿业	学生矿石分享、课题答辩
16:00-18:00	乘车返回学校	

(二)研学具体活动内容

研学活动1:“关键词”学习板块

“关键词”学习目标	按照关键词完成学习
	在研学导师的帮助下完成对标本的识别
	向导师提出在关键词学习中的疑问，做出这些关键词的思维导图，完成第一张主题卡

【矿物】

矿物是组成岩石的基础(例如花岗岩主要由石英、长石、云母三种矿物组成)。矿物是自然形成的单质或化合物，化学成分组成变化不大，有独特的内部晶体结构。

问题一:你能分辨花岗岩中的三种主要矿物吗?

问题二:你能分辨哪一个标本是浮石吗?

问题三：依据目测，你认为几号标本含有石英脉？

问题四：仔细看，你在几号标本上可以发现呈立方体的黄铁矿晶体？

【围岩】

矿物学上的围岩又称主岩、容矿岩。矿体周围的和岩体周围的岩石均称围岩。矿体与围岩的关系大致有二种情况：矿体与围岩在组构上和有用组分的含量上有显著差别，接触界线清楚，如脉状充填矿体与围岩的关系；矿体与围岩的分界线是过渡的，如浸染状交代矿体与围岩的关系。在一般情况下，矿体和围岩的边界是通过系统的取样分析，根据一定的工业指标圈定的。

问题一：岩石是一种或多种矿物的集合体。研学途中，你也可能发现具有明显层理结构的沉积岩，你能举例说明沉积岩的层理特征吗？或者把其他地方有印象的层理结构在主题卡中画下来。

问题二：黄金洞矿区的围岩是板岩，含有石英脉、绢云母化、毒砂化的围岩是经历了围岩蚀变的岩石，你能从标本中确认哪一块是矿区的围岩吗？

【冷家溪群】

冷家溪群是中元古界的一部分，为湖南省内出露最古老的地层，距今约 10 亿年。根据岩石测年，其与蓟县系坪原组相当。这个地层是由沉积韵律特别发育的一套巨厚的以碎屑岩、泥质岩和凝灰质岩为主的岩层组成，普遍浅变质。万古矿区的斜井(矿井入口)就位于地表露头的冷家溪群第二岩性段，这是一套薄—中厚层状粉砂质板岩夹绢云母板岩，是冷家溪群成矿条件最好、露头最多的岩性段。

问题：破碎的板岩一方面提示了黄金成矿的地质条件，另一方面是否会与砂金的形成有关？你可以怎样分析这个过程？

【板岩】

板岩是一种细粒变质岩，具有一种特有的板状节理，可裂成比较薄的平板。真正的板岩会沿着变质过程中形成的节理面分裂而非沿着原沉积岩层分裂。它的解理是同层的微小云母晶体生长的结果。当泥岩页岩被掩埋，并经历低温低压环境，就会形成板岩，板岩一般出现在区域变质地层中。因为矿物性质和原沉积环境中的氧化条件不同，板岩会呈现出很多颜色。板岩的原岩（可能是页岩）因脱水，硬度增强，但矿物成分基本上没有重结晶，外表呈致密隐结晶，矿物颗粒很细，肉眼难以辨别。

由于板岩具有容易裂变的天性，它会沿着平行面裂成薄板，这样就使其成为一种理想的耐用的屋顶板材。板岩的开采和加工曾是一项巨大的产业，但它现在基本上被现代材料代替。

问题一：几号标本为没有出现围岩蚀变的黄金洞金矿的围岩（冷家溪群板岩）？

问题二：几号标本为黄金洞金矿围岩（冷家溪群板岩）破碎的板岩？

【围岩蚀变】

围岩蚀变是在热液成矿过程中，近矿围岩与热液发生化学反应而产生的一系列物质成分和构造、结构的变化。围岩蚀变现象常与矿体伴生且其分布范围一般比矿体分布范围更广，因而是一种重要的找矿标志。常见的和金矿相关的蚀变特征包括硅化、黄铁矿化、毒砂化、绢云母化等，需要按照蚀变特征进行初步判断，选择具有一定蚀变特征的矿石送往实验室进行化验。

无论矿化与蚀变，都是组成岩石的矿物发生变化的现象，而且这种变化主要是由地下热液作用造成的。两者区别：通过上述变化，发生有用的矿物质（一般是金属矿产）富集的情况，就叫矿化，否则叫蚀变。如果蚀变的范围和程度较大，大到使岩石“面目全非”了，这个岩石就叫变质岩了。

问题：读黄金洞矿区 3 号矿脉地质剖面图，思考：围岩、围岩蚀变带和矿脉之间是什么关系？黄金洞矿区 3 号矿脉地质剖面图见图 6-19。

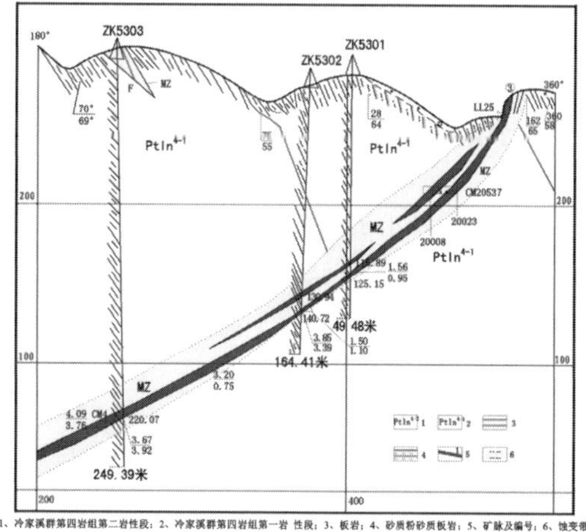

图 6-19　黄金洞矿区 3 号矿脉地质剖面图

（扫章首码查看彩图）

【热液矿床】

热液矿床，又称汽水热液矿床，是指含矿热水溶液在一定的物理化学条件下，在各种有利的构造和岩石中，由充填和交代等方式形成的有用矿物堆积体。成矿物质的迁移富集与热液流体的活动密切相关。流体以水为主，基本成分有钾、钠、钙、镁等离子，氟、氯等挥发性元素，铜、铅、锌、金、银、钨、锡等金属元素……在岩浆结晶过程中从岩浆中释放出来的热水溶液最初是岩浆体系的重要组成部分，含各种挥发组分，具有很强的形成金属络合物并使其迁移活动的能力。大气降水、岩层中的海水也是液体来源。

问题：岩浆活动是热液的主要来源，哪些可能是有利于热液成矿的地质构造条件？

【硅化】

围岩蚀变的一种情况，为地表寻找黄金矿的重要标志。硅化的岩石比围岩坚硬，呈脉状，是石英(二氧化硅)的集合体，呈乳白、灰白、白色，油脂光泽，致密块状。硅化蚀变是一种使围岩中石英或隐晶质二氧化硅含量增加的蚀变作用。形成硅化的二氧化硅一般是由热液带入，部分是由原岩中二氧化硅残留、相对富集而形成的。由于硅化可以在广泛的环境中由热液作用形成，因此，硅化蚀变常与其他蚀变如绢云母化、绿泥石化、碳酸盐化、云英岩化、泥化、长石化等相伴产出。

问题：几号标本中石英脉与围岩接触处发现了具有金属光泽的物质？

【绢云母化】

绢云母是一种天然细粒白云母，是层状结构的硅酸盐，可劈成极薄的片状，绢云母兼具云母类矿物和黏土类矿物的多种特点。绢云母晶体为鳞片状，具有丝绢光泽(白云母呈玻璃光泽)。绢云母的矿物集合体有玫瑰色、肉红色、灰绿色、浅灰紫色、灰-深灰色等，但粉末均为白色。单矿物的绢云母岩一般很少见。

绢云母化是黄金洞矿区多见的围岩蚀变，为地表找矿标志。这是一种广泛的中—低温热液蚀变，在中性和酸性火成岩及板岩等富铝岩石中最为常见。绢云母化常伴随有石英和黄铁矿的产生。

问题：你在几号标本可以发现绢云母(或具有丝绢光泽的矿物)？

【毒砂化】

黄金洞矿区多见的围岩蚀变，为找矿标志。毒砂是一种矿物名，也称砷黄铁矿，是最常见的一种载金矿物。砷黄铁矿常包裹有细而分散的微粒金，即金往往以微细粒状态被包裹在其中。晶体呈柱状，集合体成粒状或致密块状，锡白色，具有金属光泽，敲击时发出蒜臭味。毒砂含砷46%，中国古代称之为白砒石，是提取砷和各种砷化合物的主要原料。将毒砂砸成小块，除去杂石，与煤、木炭或木材烧炼，所得物质即为俗称的砒霜。

问题：你在几号标本上发现有毒砂？毒砂和围岩以及石英矿脉可能存在什么关系？砷黄铁矿见图 6-20。

图 6-20　砷黄铁矿

【黄铁矿化】

黄铁矿，主要成分是二硫化亚铁，是提取硫、制造硫酸的主要矿物原料。其具有特殊的形态、色泽，有观赏价值。其颜色为淡金褐色，容易让人以为是黄金，故有“愚人金”之称。通过观测它在不带釉的白瓷板上划出的条痕可以检验出来，金矿的条痕是金黄色的，而黄铁矿的条痕是绿黑色的。黄铁矿可经由岩浆分结作用生成。黄铁矿既能与明金共生，同时也是明金的载体。黄铁矿化是浅深部黄金矿的标志。肉眼观察黄铁矿化和毒砂化往往难以分辨。黄铁矿呈黄白色，均质，毒砂呈亮白色，反射率高。黄铁矿见图 6-21。

问题：你能找到黄铁矿化和毒砂化的基本区别吗？有没有标本可以反映它们的差异？

图 6-21　黄铁矿

【品位】

品位是指矿石(或选矿产品)中有用成分或有用矿物的含量。品位是矿石和选矿产品的主要质量指标，它直接影响着选矿效率。大多数矿产以有用成分(元素或化合物)或有用矿物含量的质量百分比(%)表示品位。原生贵金属矿产则以每吨矿石(或精矿、尾矿等)中含有的金属(金、银、铂等)质量(克/吨)表示品位。对黄金矿山来说，目前我国黄金矿山尾矿品位多数都在 0.5 克/吨以上，有的高达 4 克/吨以上。黄金洞矿区 1964 年按照金边界品位 3 克/吨、矿块 5 克/吨、全区 8 克/吨的工业指标进行勘探，得到 1 号矿脉平均 9.36 克/吨的品位。20 世纪 70 年代，金价大幅度提高，金矿的工业指标降低，得到 3 号矿脉平均 4.31 克/吨的品位。截至 2003 年，资料显示，这一矿区平均品位为 4.65 克/吨。

问题一：你在随行专家的讲述中可以了解这个矿区的黄金品位如何吗？金精粉的品位如何？进一步了解企业在金矿生产中的地位和影响。

问题二：黄金品位的特点使得黄金开采必然具备哪种挑战？

【脉金和砂金】

约在二十六亿年前的太古代，火山喷发把大量的金元素从地核中沿着裂隙带到了地幔和地壳中，形成了最初的金矿源。经过海陆变迁、地壳变形，金元素活化迁移富集，在各种地质作用下形成金矿床，由内力地质作用形成的含金岩脉，即我们所说的脉金(岩金)。

当矿石含有天然金时，金会以粒状或微观粒子状态藏在岩石中，通常会与石英或如黄铁矿的硫化物矿脉同时出现。以上情况称为热液矿脉，这种金也被称为“愚人金”。天然金亦会以叶片状、粒状或大型金块的形式出现，它们从岩石中被侵蚀出来，最后形成冲积矿床的砂砾，称为砂金矿，或是冲积金。冲积金比脉状矿床的表面含有更丰富的金，因为在岩石中的金在邻近矿物氧化后，再经过风化作用、清洗后流入河流与溪流，在那里通过水进行收集及结合再形成金块。淘金指的是利用带网眼的盘或其他东西，从河底的沙中淘出金块或金沙的行为。

远古时代，人们大多是从河流和溪涧砾石(砂金矿)中提取黄金，原岩中风化出来的黄金颗粒沉积于此。而历史记载，公元前3100年，埃及的努比亚就是黄金贸易中心，法老的远征队已经在这里开采石英矿脉寻找黄金。他们从深竖井进入岩层，点火焚烧石英，然后压碎他们，从中提取黄金。

被称为“第一次世界级的淘金潮”的“加利福尼亚州淘金潮”(1848—1855年)就是淘取砂金，于1848年1月24日开始，事因是在沙特磨坊发现了黄金，一开始消息传播得较慢，主要是当地人在淘金。但到1849年消息传开后，大约30万人从美国各州和世界各地来到美国加利福尼亚州淘金。许多淘金者是唱着《哦，苏珊娜》这首流行一时的歌曲直奔加利福尼亚的。

李维·斯特劳斯在1850年左右的旧金山，将原本用来制作帐幕的粗糙帆布为当时的采矿工人制作了第一条Levi's牛仔裤，因为牛仔裤很耐用，迅速获得了采矿工人的欢迎。旧金山一夜之间从一个小村落发展成为一个市镇，道路、教堂、学校和新的市镇相继出现，并制定出了一系列的法律并成立政府，导致加利福尼亚在1850年正式成为美国的一个州。交通方面，蒸气船服务发展成定期的服务，大量铁路兴建。加州的农业(该州第二大的产业)也得到了巨大发展。不过，淘金潮也带来了不良的后果：美洲原住民被攻击，甚至被赶出他们的土地。大量的采矿作业亦造成环境破坏。

问题：向研学导师描述上述文字介绍的采砂淘金的生产模式。

研学活动 2："研学指南"板块

"研学指南"分五部分，在"发现黄金"中学生可以从明金标本探索其成矿环境条件并确认找矿标志；"劈石取金"让学生了解提金方法和江东矿区的产品；"尾矿尾水"则带学生剖析尾矿坝工程结构理解其功能并提供可能影响环境的地理视角；"黄金价值"会让学生从一个更大的地理视角来鸟瞰黄金产业链并审视黄金在区域发展中的作用；第五部分将向学生介绍如何使用长沙市地理名师工作室原创设计的主题卡以及在研学中如何拍出一张会讲地理故事的照片。

"研学指南" 学习目标	"发现黄金"：从明金标本探索其成矿环境条件并确认找矿标志
	"劈石取金"：了解提金方法和江东矿区的产品
	"尾矿尾水"：剖析尾矿坝工程结构，理解其功能并提供可能影响环境的地理视角
	"黄金价值"：从一个更大的地理视角来鸟瞰黄金产业链并审视黄金在区域发展中的作用
研学活动	通过阅读研学手册、自主探究和小组合作调查探究完成研学任务。

第一部分：发现黄金

从一块明金标本开始探究→找到黄金矿带成矿机制→循迹而去找到更多金矿

任务 1：将金矿发现过程用思维导图的形式绘画在研学手册上，在《万古矿区成矿模式示意图》（图 6-22）的基础上，说明成矿的天时地利（地理过程）。

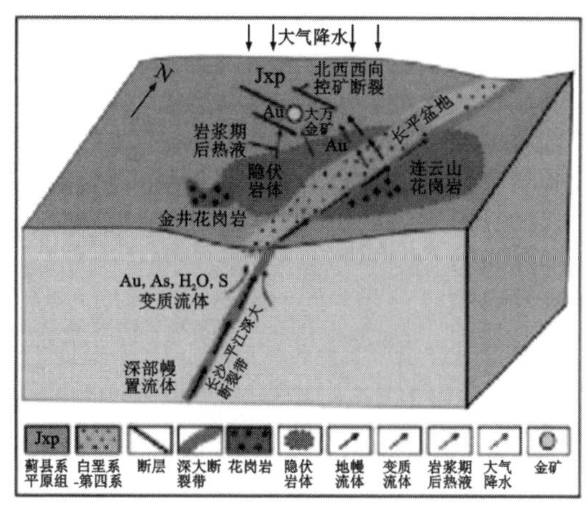

图 6-22　万古矿区成矿模式示意图

第二部分：劈石成金

去砷→浮选→金精粉

第三部分：尾矿尾水

不断长高的尾矿坝→三废之毒→大小水循环→未来的金矿

第四部分：黄金价值

认识黄金产业链——黄金与区域发展

研学活动3：“研学任务”板块

“研学任务”学习目标	借助研学手册和两步路户外助手App手绘一张整个矿区的功能区地图
	按照摄影提示：拍摄合乎场景的、最好是能讲故事的地理照片
研学活动	通过阅读研学手册、自主探究和小组合作调查探究完成研学任务

第一部分：尾水处理

金矿尾水是高砷水体，这是一种毒性很大的水体，处理高砷水体一般会用到以下方法。

化学方法：是指用化学试剂使砷变为人体难以吸收的砷化合物，如，在含砷废水中投加石灰、硫酸亚铁和液氯(或漂白粉)，将砷沉淀，然后对废渣进行处理，也可以让含砷废水通过硫化铁滤床或用硫酸铁、氯化铁、氢氧化铁凝结沉淀等。

物理方法：主要是让含砷污水通过特殊的过滤器，使砷富集起来变废为宝，如活性炭过滤法等。

生物方法：主要是指在被砷污染的土壤或水体中种植能吸收砷的植物，以达到吸收砷的目的，如生物学家发现了一种蕨类植物——蜈蚣草可吸收土壤中的砷，可以比普通植物的砷含量高出万倍。蜈蚣草广泛分布于中国的热带和亚热带，以秦岭南坡为其在中国分布的北方界线。蜈蚣草不生长在酸性土壤上，为钙质土及石灰岩的指示植物，其生长地土壤的pH为7.0~8.0。

问题一：如果污水处理池在工作，你可以观察到，不同污水池的水色会有差异，这个与处理过程有关吗？看起来，这个尾水处理池并没有工作或者没有满负荷工作。你能从《研学指南》“第三章，尾矿尾水”中找到这一现象的原因吗？

(提示：从水的去向进行思考，可参考大小水循环部分)

问题二：“在一般情况下，尾矿库无废水外排。”这种说法可信吗？如果不可信，怎么推证？又怎么验证？请结合文字材料推证，或设计现场验证方案。

(提示：运用水平衡的原理进行不同降水强度下的推测，进行推证；或用矿区下游地区的水体或土壤污染事实验证，思考如何设计验证方案)

问题三：观察矿区以及周边是否有蜈蚣草这种蕨类植物。注意提醒大家，铁芒萁和蜈蚣草很像，但是铁芒萁适合在酸性土壤中生长，尾矿坝下的土壤是偏酸还是偏碱呢？

（可借助形色等 App 进行识别）（结合上文，判别尾矿坝下的土壤偏碱性）

问题四：设计一个采集水样的计划，证明你对该矿区水污染程度的假设。如采集矿区饮用水、生活用水水样，尾矿渣库水样，周边河渠沟塘水样，也可以采访周边居民了解水污染的状况。

（提示高中学员按照“获取信息—组织信息—分析信息—阐释论证—反思证据假设”的科学探究路径设计研究计划，避免对学生下结论，对结果保持敬畏和开放；同时提示学员这也是高考《考试说明》中提示的解题方法）

第二部分：尾矿库/坝

观看工程设施的地理视角，了解尾矿库的结构特征，分析其功能，并结合环境要素进行综合思考，判断其可能产生的环境影响。

不同于常见的水库大坝（一次性建设完成），尾矿库的坝体是根据矿砂装填情况逐级建设的。

问题一：观察尾矿坝的结构特征，理解其功能。对比普通水坝与尾矿坝的区别。

（普通水坝要在上游流量大的峡谷出口、两山夹峙的狭窄处建坝，坝体具有整体性，一次成型，上面两种都不是一次成型的。可以对照这些特征，结合地形、水量、谷地面积、封闭性这些特征进行分析讨论）

问题二：观察江东矿区的尾矿库/坝，说一说：这应该是哪种类型的尾矿库？说说你分析的依据。向随行工程师了解这个大坝的建设过程，以及未来可以容纳多少尾矿。

问题三：观察建议：尾矿区的尾水如何安全地进入坝体下方的尾水处理厂？

（管道运输）

问题四：分析思考："粗粒尾矿"和"排水"这两个因素将如何影响尾矿库的安全？怎样监控尾矿库大坝的安全？尾矿库对环境可能存在怎样的危害？

（结合泥石流的发生条件，考虑土壤的颗粒物大小与黏性；运用 GPS 监控）

问题五：分析思考：在安全的情况下采集合适的标本，观察尾矿渣的特点，思考：这些尾矿可以怎样利用？可以向工程师请教。

问题六：分析思考：国家有关部门不再审批尾矿库（可能原因是什么？）之后，金矿山是如何处理尾矿的？江东矿区第二个尾矿库停用以后利用废弃矿井建设回填井，未来将通过回填井实现"无尾矿库开采"，向工程师了解如何做到这一点。

（改进提金工艺；将尾矿深加工，延长产业链，如涂料的基底、建筑材料等）

第三部分：选矿作业区

金矿浮选回收对象为金，有害元素为砷，关键是“抑砷浮金”，所以磨矿细度、捕收剂种类及用量、抑制剂用量对粗精矿的影响为主要考虑方面，经过试验得到了最优组合方案。（见图 6-23）

如该金矿粗选选定最佳磨矿细度为-74 μm 65%（江东矿区的百分比请听工程师讲解）；如金矿的主要回收矿物为自然金与黄铁矿，则常见选用丁黄药和丁铵黑药作为浮选捕收剂（江东矿区会有什么不同的捕收对象？）；亚硫酸钠加腐殖酸钠对毒砂具有较强的抑制效果，能有效提高金粗精的提取品位。

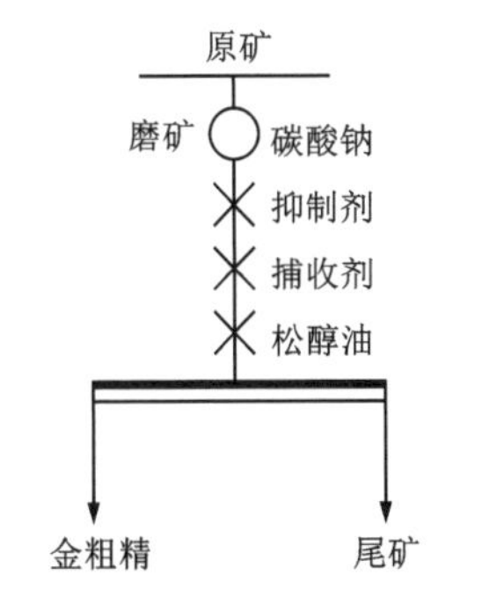

图 6-23 金矿浮选回收流程图

问题一：听取工程师讲解，了解设施设备的功能，画出选矿工作的流程图（物理和化学过程要有区分度）。

问题二：询问工程师，为什么要戴口罩，刺鼻气味的物质与提取黄金有关吗？（挥发的气体是否对人体有害？）

问题三：画出江东矿区“劈石取金”的流程图。思考：矿石从哪里来？浮选过程中形成矿浆的水从哪里来？尾矿尾水到哪里去了？（把刚画的选矿工作流程图打包为一个环节，关键是对重力势能的可控使用）

问题四：“抑砷浮金”的金矿浮选可以达到多大比例的黄金提取量？被抑的砷以什么形态到尾矿或者尾水中去了？（化学知识，认真听专家讲解）

问题五：在征得同意后，获取你认为最有意义的标本。

第四部分：斜井作业区

江东金矿斜井作业区也是矿场总部所在地，位于平江县安定镇江东村境内，新主井口朝西，西面为新主井卷扬机房，东面为矿山通往蛇岭坡尾矿库的主路，南面为山岭，北面为矿山主区域，包括宿舍楼、办公楼、篮球场、空压机房、监控室以及工业广场等一系列设备设施，西北方向60米处为矿山现有堆场。

矿山原有开拓方式为斜井开拓方式(图6-24为斜井开拓的示意图，并非江东矿区的设置，可以借此理解斜井的井下空间格局)。2013年，技术改造后，矿山保留了三个井筒，即主井(原上湾斜井)、副井(原摇钱坡斜井)、风井(原大坡斜井)，开拓方式为斜井开拓方式。随着开采不断深入，原有主要井筒已难以满足后期深部生产需要，2016年，矿山重新布置了一主斜井至-467 m标高。原上湾斜井因井底车场垮塌严重已被废弃，原摇钱坡斜井因部分位于界外和功能不多等原因被停用。截至目前，矿山实际使用井筒为新主斜井、原风井(原大坡斜井)，其他井筒均已密闭，成为未来的回填井，在采矿科技的支持下，“无尾矿库生产”将在未来成为现实。

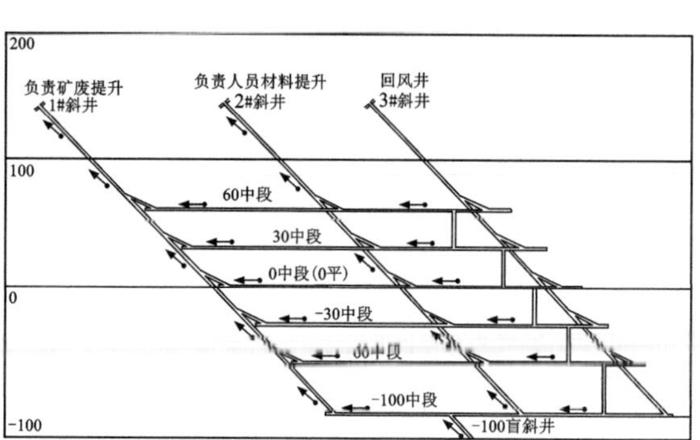

图6-24 斜井开拓示意图

问题一：矿工们会怎么挖矿脉获取原矿呢？矿工们的工具会是什么？他们的工作方式是怎样的？因为井下没有安全的参观通道，矿区的工程师们会在参观完了以后给学生进行详细介绍。(井下基岩块体大且坚硬，金刚钻、切割机的工作量非常有限。联想采石场)

问题二：江东金矿原矿的堆场并不在斜井作业区，这个堆场为什么选取在选矿车间上方的海拔最高处？(观察堆场到选矿车间矿石的转运路径展开进一步思考)

问题三：绘制原矿转运流程图。
(从全局角度把握，向随行工程师了解相关信息)

问题四：在征得同意后拣选合适的标本(经过水洗才能观察，但是有经验的矿工和工程师可以很快判断其价值)，中餐以后可以一起开“斗宝大会”，看看谁的标本最典型。

问题五：在原矿的转运过程中，竖井方式相较于卡车运输有什么经济效益方面的考虑？询问工程师江东矿区是否有竖井建设计划，会建在哪儿。

研学活动 4："分组讨论"板块

1. 对照手册中的三维《万古矿区成矿模式示意图》，结合图 6-25 黄金洞矿床地质略图，分析回答：

(1) 金井岩体为金矿成矿提供了哪些条件？

【湘东北地区燕山期岩浆岩可能为金成矿作用提供了部分成矿流体、成矿物质和能量】

(在岩浆冷却形成金井岩体的过程中加热了地下水，形成岩浆期后热液，并伴有成矿物质迁移运动)

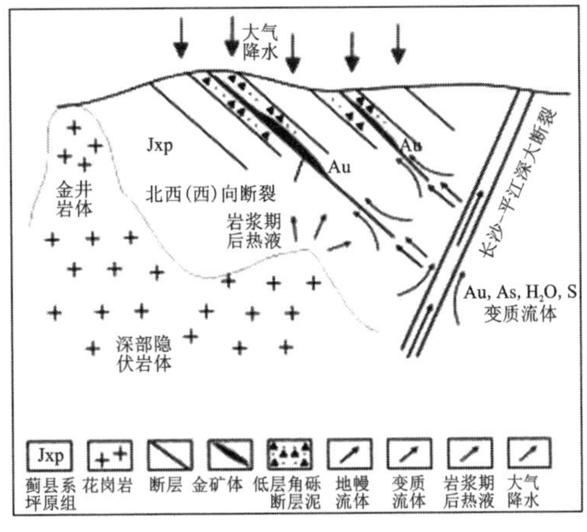

图 6-25　黄金洞矿床地质略图

(2) 如果说万古矿区所处的冷家溪群地层沿北西向出露地表让我们找到了表层的金矿，按照地层向东倾斜的趋势和深层找矿的方向，未来找矿的区域可能在哪个区位？前景如何？结合《研学指南》有关图文回答这些问题。

【结合三维图可以发现，万古金矿深部向东即为图中的"长平盆地"，其表层为白垩纪"红层"覆盖区，具有巨大的找矿空间。区内主要矿体沿倾向延深且规模均较大，未封边，其品位、厚度仍然稳定，且多具有向东侧伏的规律，表明该区主要矿体仍具有巨大的找矿空间】

2. 用 App 打开群里分享的"黄金洞河流"文件查看卫星图，结合图 6-26 分析，黄金洞金矿的选矿区(厂区)和尾矿库的分布有什么特点？这样分布有什么影响？

(选矿区位于河流上游地势较高处，靠近矿井；尾矿库位于河流下游地势较低处。使矿石和尾矿砂的运输成本较低)

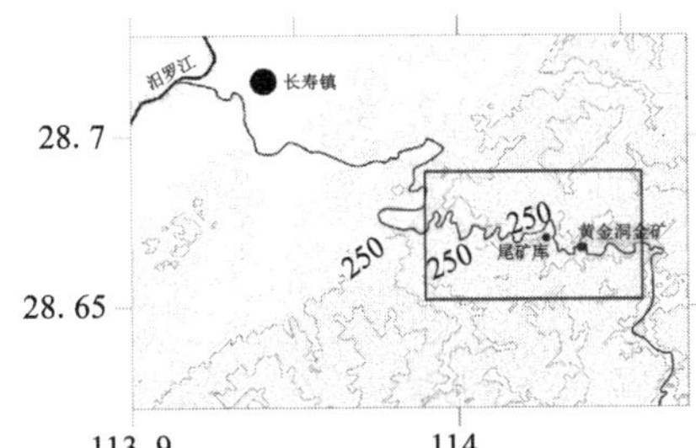

图 6-26　黄金洞矿区周边图(扫章首码查看彩图)

★3. 读图 6-27，回答以下问题：

(1)图中标记出的尾矿库已经填满，从生态环境角度考虑，填满的尾矿库该怎么处理？尾矿渣该怎么办？(首先从安全角度必须封填尾矿库，避免滑坡和泥石流等地质灾害；尾矿渣可以再利用，参考《研学指南》第三章“未来的金矿”)

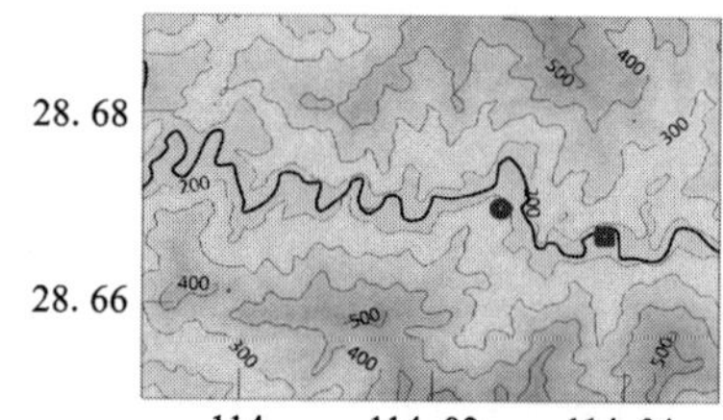

图 6-27 图 6-26 中红框区域分层设色等高线图(扫章首码查看彩图)

(2)如果再设计一个尾矿库，地址选在哪里比较合适？请在图 6-27 中标记出来，并说明理由。

(结合 App 分析，参考《研学指南》第三章中关于泥湾尾矿库的图文资料。图中高流坑从两步路户外助手 App 上可以进行查阅)

4. 读万古矿区分层设色等高线图(图 6-28)，从地形的角度分析尾矿库的分布规律，并分析其原因。金矿企业的分布显然是“商业机密”，图 6-28 确认空间分布的依据是什么？

(教师提示：看黄金矿的共性——尾矿库，或通过手机查看卫星图进行分析；现场哪个设施的占地面积最大？占地面积大，在卫星图上的识别度就高)

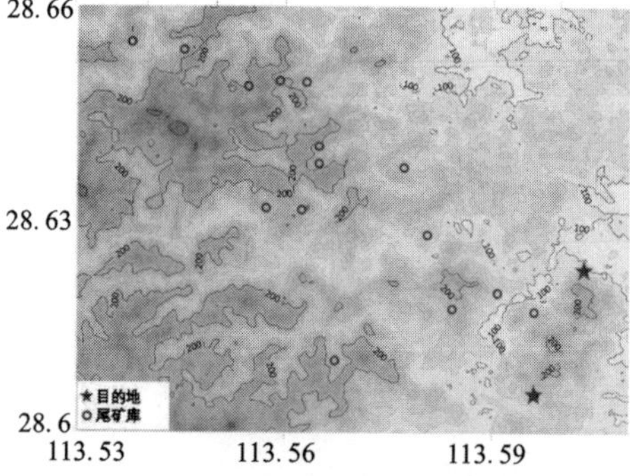

图 6-28 万古矿区分层设色等高线图(扫章首码查看彩图)

5. 读江东金矿区域等高线图(图 6-29)及 AD 沿线剖面图(图 6-30)。

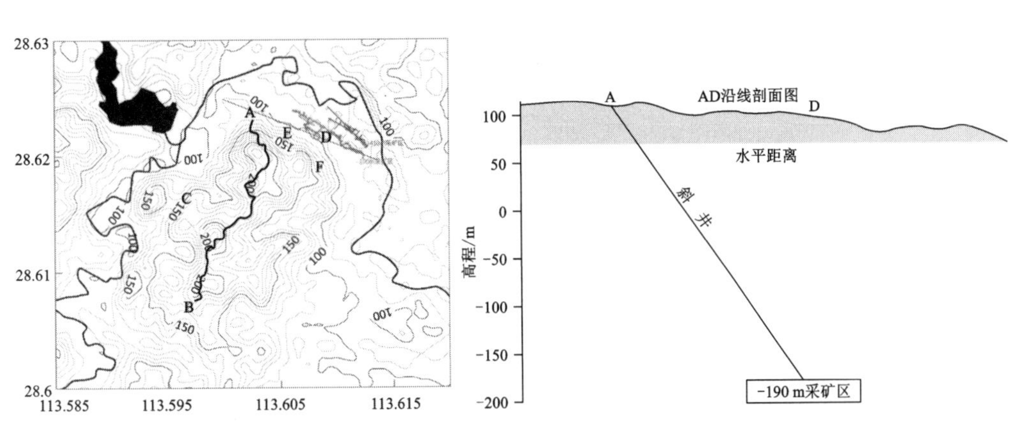

图 6-29　江东金矿区域等高线图

图 6-30　等高线图剖面图

图 6-29 为图 6-28 的局部地区放大图，图中 D 处为江东村村委会所在地，E、F 处为废弃矿井，曲线 AB 为公路。图中 A、B 点为我们的目的地。

★通过实地学习后，请结合手机上的卫星地图定位，分析采矿区、分选中心、尾矿库、污水处理设施的相对位置关系。(可以画图呈现，也可以通过思维导图呈现)(通过两步路户外助手 App 在卫星地图上叠加等高线)

★(1)江东矿业公司为什么要把斜井和企业总部建在图中 A 地，而不是直接在 D 地建竖井和企业总部?

(结合卫星图分析：D 地靠近居民点和耕地，且 A 处是 20 世纪 90 年代开发建设的斜井，受当时技术条件限制，浅层资源易于开发利用，深层资源当时并没有确定，从“口述历史”的讲座中可以得到这个信息)

★(2)江东矿业公司为什么要把尾矿库建在图中 B 地，而不是直接建在图中 A 地? 结合卫星图说一说：C 处为什么也是尾矿库?

(B 地离居民点和耕地较远，对其污染较小，且 B 地有适合建尾砂库的山谷地形)

(C 处为废弃的尾矿库，在《研学指南》第三章不断长高的尾矿坝中有介绍)

★(3)从专家处了解从 A 地到 B 地矿石是怎么运输的。A、B 间的公路选线与地形有什么关联? 为什么这样选择?

(公路运输。AB 公路大致沿山脊延伸，对居民区影响较小，距离相对较短，有利于节约运输成本)

6. 扩大范围，从更为宏观的地理视角发现金矿，读图 6-31《万古矿区尾矿库分布图》并分析：

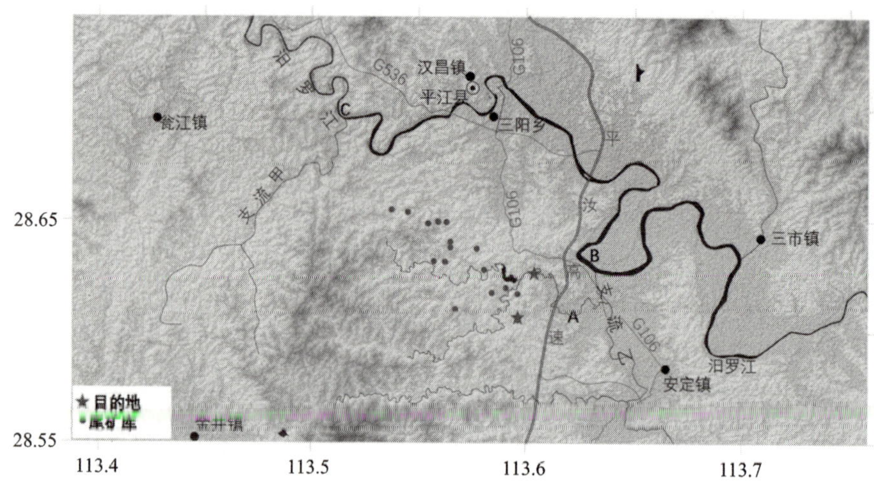

图 6-31　万古矿区尾矿库分布图

(1) 这些尾矿库的分布有什么空间排列规律？可能的原因是什么？根据尾矿库的分布能否推测出金矿企业的分布？人类又是怎样发现、勘探金矿的？

（北西向；冷家溪地层总体呈北西向展布，出露完全，岩体破碎与金矿化关系最为密切；能反推出金矿企业的大致分布；先发现砂金，再发现脉金的露头，进而进行岩芯采样分析，当然这些都与地质调查、勘探技术密切相关）

(2) 这些尾矿库所属的金矿企业的矿脉分布在冷家溪地层中并向东倾伏，如果未来采矿，矿点分布可能位于图中什么部位？

(3) 在大规模工业开采之前，平江地区有大量的砂金矿点，阅读研学手册中“关键词”的部分，比较图中 A、B、C 河段的砂金开采条件，你能描述这个地理过程吗？

（先在上图中画出甲、乙两支流的分水岭，再结合水系特征判别流速，流水的搬运能力与速度密切相关；从物质守恒的角度理解流水作用的完整过程）

（此处关于砂金开采区位与“关键词”部分砂金 vs. 脉金区位要有更多的空间推理。）

六、研究评价与总结

(一)研学成果评估

本次研习成果形式为学习活动记录单以及活动汇报两大部分。学生汇报应注意以下几点：①分组汇报；②汇报内容具体应包括小组现场照片、现场笔记、搜集的文字图片等研学佐证资料以及研学收获、组内成员分工等内容；③汇报形式包括但不限于PPT讲演、研习报告或研习活动单展示等方式。

评价标准采取教师定性与定量指标相结合的模式，综合参考小组成果的知识正确性、作品完成度、创新性、合作参与度、美观度等指标进行评价。

(二)研学综合评估

研学综合评估评价主体包括学生自评、小组成员互评和教师评价，其中小组自评权重15%，小组互评权重15%，教师评价权重70%。

附件：优秀学生主题卡

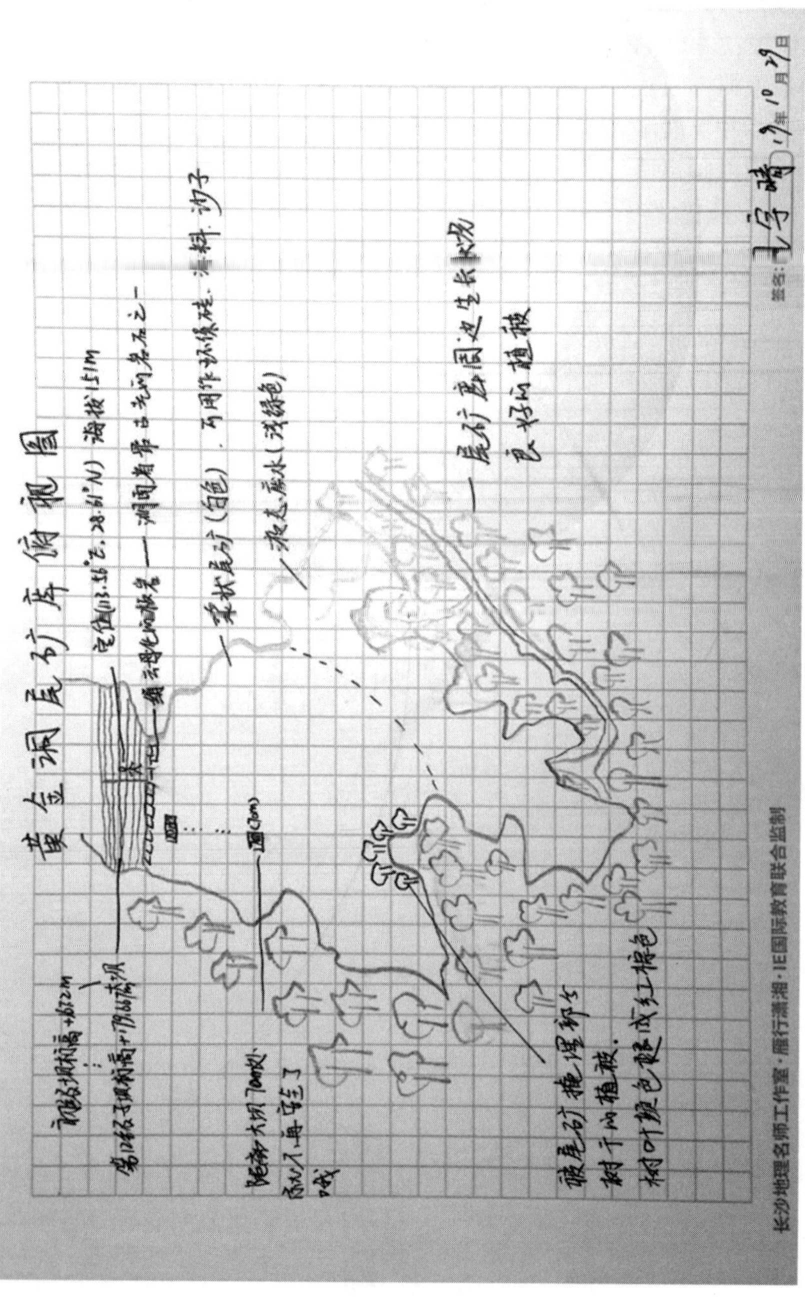

优秀主题卡